贵州省出版发展专项资金资助

贵州世居民族文化书系

宋健 主编

莎朗舞心声

SHALANG WU XINSHENG

庄鸿文 编著

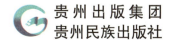

贵州出版集团
贵州民族出版社

图书在版编目（CIP）数据

　莎朗舞心声：羌族 / 庄鸿文编著. -- 贵阳 ： 贵州民族出版社，2014.6（2020.7 重印）

　（贵州世居民族文化书系 / 宋健主编）

　ISBN 978-7-5412-2122-4

　Ⅰ．①莎… Ⅱ．①庄… Ⅲ．①羌族－民族文化－贵州省 Ⅳ．① K287.4

　中国版本图书馆 CIP 数据核字（2014）第 066221 号

贵州世居民族文化书系

莎朗舞心声·羌族

宋　健　主编　庄鸿文　编著

出版发行	贵州民族出版社
社址邮编	贵阳市观山湖区会展东路贵州出版集团大楼　　550081
印　　刷	山东龙岳文化传媒有限公司
开　　本	787mm×1092mm　　1/16
字　　数	120 千字
印　　张	7.5
版　　次	2014 年 6 月第 1 版
印　　次	2020 年 7 月第 2 次
书　　号	ISBN 978-7-5412-2122-4
定　　价	25.00 元

贵州羌族分布示意图

散居
▲ ▲ ▲

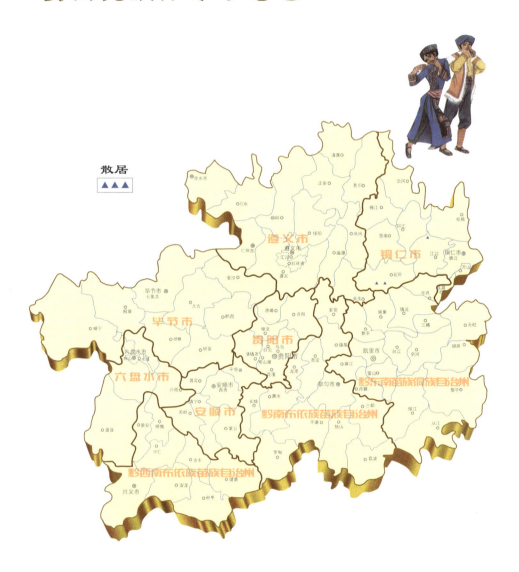

遵义市
铜仁市
毕节市
贵阳市
六盘水市
安顺市
黔东南苗族侗族自治州
黔南布依族苗族自治州
黔西南布依族苗族自治州

多彩高原的民族共存
——《贵州世居民族文化书系》总序

　　多彩的贵州，神奇的高原。对于初次来到祖国大西南贵州省的人来说，触动心灵的不仅是苍山如海、溪河清澈、森林碧绿、峡谷幽深，更有那不同民族同胞悠扬的山歌和异彩的服饰。在这个有17.6万平方公里面积和600年建省历史的省份，数不尽的青山翠谷中生活着18个世居民族，他们从哪里来？世世代代如何与周围环境共处？以怎样的生活方式和民族风情为世界增光添彩？让读者朋友在轻松的阅读中了解这一切，就是我们出版这套《贵州世居民族文化书系》的目的。

　　贵州是一个多民族的省份，少数民族人口约占全省总人口的38%，全国56个民族成分贵州都有分布，而称得上"世居民族"的则有汉族、苗族、布依族、侗族、土家族、彝族、仡佬族、水族、回族、白族、瑶族、壮族、畲族、毛南族、仫佬族、满族、蒙古族、羌族等18个兄弟民族。从历史和民族源流看，除来自北方的回族、蒙古族、满族外，汉族属古代的华夏族系，其他各族分属古代的氐羌、苗瑶、百越、百濮四大族系。从地理位置看，贵州位于云贵高原东部，处于四川盆地和广西、湖南丘陵之间，是由高原向平原和丘陵过渡的地带。这种特殊的地理位置，使贵州历史上成为南方四大族系的交汇之地，成为民族迁徙的大走廊。在漫长的历史长河中，不同民族的融合，不同文化的相互影响，以及战争带来的多次大规模移民的进入，形成今天贵州多民族共存共荣的社会。

民族文化，指各民族在历史发展中创造的带有民族特点的文化，包含物质和精神两个方面。存在决定意识，由于贵州地处生态环境较为脆弱的喀斯特地貌带，各族群众敬畏自然，珍惜上天赋予的生活资源，注重生产方式与自然生态的和谐平衡，有着享誉世界的农业文化遗产"稻鱼鸭系统"，与草木"认干亲"的林业等生产方式和生活形态，无不彰显人与自然的和谐共处。

贵州历史上"连峰际天兮飞鸟不通"（王阳明《瘗旅文》）的交通困局，形成了十里不同风，百里不同俗的"文化千岛"，民族风情古朴浓郁，多姿多彩，如苗族的姊妹节、芦笙舞，布依族的八音坐唱，侗族的行歌坐月、侗族大歌，彝族的火把节，土家族的摆手舞等。而600多年前明王朝对贵州的大规模开发，江南的百万汉族移民以屯军、屯民的方式来到贵州，形成数百年的屯堡文化，至今成为明代文化遗存的奇迹。可以说，正是青山绿水与多民族的和谐共存构成了今天多彩的贵州。

我们这套书以大专家写小丛书为特点，以轻松阅读获取知识为目标，以直观图像结合想象力发挥为手段，采取宏观叙述与田野案例穿插叙事的方法，力图写成民族历史文化的故事书，内容虽然通俗易懂，生动有趣，但都是以坚实的学术研究为基础的，能够让读者在愉快的阅读和浏览中获取正确的知识。

"黔山秀水，神秘夜郎；多彩民族，千岛文化。"这是书系力图展示的贵州形象。愿书系成为我们大家了解贵州、欣赏贵州、热爱贵州的一个窗口。

《贵州世居民族文化书系》编委会

目 录
Contents

引言

羌族，是一个古老的民族，她的身影在甲骨文里已频频出现，展示着这个民族源远流长的悠久历史。

在羌语中，羌族自称为"尔玛"或"尔咩"，意为本地人。沧海桑田间羌族先民繁衍生息、迁徙辗转于古老中国广袤的土地上，其身影隐现于浩如烟海的历史典籍之中。经过数千年的演化进步，羌族的形象也变得越来越清晰，从一个游牧民族转变成了今天的农耕民族。并且在其漫长的历史中，羌族书写了灿烂的民族文化，其出色的建筑技艺、精湛的刺绣工艺、多姿多彩的音乐舞蹈以及深厚绚烂的民族文学，都是羌族贡献给中华文明宝库的可贵财富。

羌族一般居住于高山之上，因此，人们称之为"云朵上的民族"。其所居之地往往林茂谷深，这一方面带来了丰富的物产，另一方面也锻造出羌族坚韧不拔的民族性格。

在贵州这个地处祖国西南的多民族大家庭中，也有羌族的一席之地，虽然人口不多，但却是多彩贵州不可缺少的重要组成部分。羌族以其坚韧的民族性格在黔地繁衍生存，建设家园。他们不仅吸收了贵州其他民族的文化优长，同时也以自己独特的民族文化影响着周边其他民族的生活和文化。正是在民族的和谐相处、共同发展中，羌族得以将其古老悠久的文化在贵州大地上世世代代薪火相传。

贵州羌族与我国其他省份的羌族有着相同的民族血缘和文化基因，因此对贵州羌族的介绍离不开他们的母体。本书的大背景选择了整个羌族，通过对羌族古老历史、灿烂文化与民俗风情的介绍，期望勾勒出贵州羌族的现实图画。然而，这小小的一本书远远不能穷尽羌族悠久的历史文化与多姿多彩的民风民俗，它只能是作为一个引子，引导更多的人走近她、了解她。

来贵州羌寨吧——美丽神秘的梵净尔玛堡寨！热情好客的羌族同胞会为你献上艳丽的羌红，再唱上一曲迎客的歌：

歇息啦，

喝口酒，

舒心放量，

牵起手来，

唱歌又跳舞。

根
GEN

ZAIHEFANG
在何方

● 羌姜出华夏 ●

　　中华民族的历史源远流长。还处于蒙昧时期的先民用神话解释着人类的来源：是盘古用一把斧子劈开的天与地，也是他以自己的躯体形成了河流山川、日月星辰、花草树木，后来女娲用泥土造就了人类。许多国家和民族大都用这样的神话解释我们未知的最初，反映出人类是多么渴望了解自己的起源。

　　中华民族灿烂的文化由 56 个民族共同织就，每个民族的起源又是怎样？人们同样在苦苦追寻。寻找自己的根，这一方面是人的天性使然，另一方面也是维系民族情感的重要纽带。

　　在口口相传的羌族神话故事里，

羌族

有一个关于羌族起源的传说：天上的仙女到人间来洗衣服，把手上戴的金银镯子等取下来放在旁边，一只猴子把首饰挂在杨柳树上。仙女洗完衣服后找不到首饰，非常着急。猴子躲在一边笑，说："我知道首饰在哪里，但有一个条件，你要嫁给我。"仙女怕掉了首饰回去受责罚就答应了，而他们生下的小孩便是羌族。

不过，传说只是传说，现代羌族到底来自哪里？又有着怎样的发展历史？让我们一窥历史长河的流向吧。

在我国最古老的文字——甲骨文中，就有了"羌"的记录。殷商卜辞中常有商或者其属国与羌之间的战争记录。卜辞还记载，被俘的羌人被商人用作祭祀祖先的牺牲或成为商人的奴隶。通过对那些来自远古文字的研究，羌族的来源至少可以追溯到商代，当时有"羌方"是商王朝众多的方国之一。根据卜辞地理研究，"羌"大致分布于今河南西部、山西南部和陕西东部。另外，在传说当中，羌人还是我国第一个奴隶制王朝夏的主要组成部分，甚至说夏朝的建立者禹也是羌人，说禹的母亲就居住在西羌一个名叫"石纽"的地方。至于石纽的所在，

《括地志》说："茂州汶川县石纽山在县西七十三里。"羌人对这一地区是非常崇敬的。

由于"羌"与"姜"在文字上的相似，殷商的羌人又被认为与中国古史中的"姜姓"之族有关。《后汉书·西羌传》记载："西羌之本，出自三苗，姜姓之别也。"

周代时羌人有了较大发展。据古文献记载，姬姓周人的祖源为"姜嫄"；在周克商的战争中，有姜姓部族或羌参与（中国民俗传说中，姜太公佐助武王伐纣之事，便是此历史记载的民间版本）；西周时，周王又常娶姜姓族女子为妻。因此有学者认为"羌"或"姜姓族"是周人的西方盟友。在周克商之后，有功的"姜姓族"被分封于东方而东迁，这就是西周与春秋时期历史上的申、吕、齐、许四国。留在渭水流域的姜姓族，主要是"西申"之国，后来勾结犬戎发动变乱，逼周王东迁而结束历史上的西周。

犬戎之乱不仅结束了西周政权，也延续到春秋战国时期。由于战国文献中有"姜戎氏"与"姜姓之戎"，又由于姜姓之申侯曾勾结犬戎灭了西周，因此姜姓之族（以及羌人）又被认为是广大

大禹像

禹的出生地

《史记·六国年表》说："禹兴于西羌。"禹的出生地，有的还说就在今岷江上游羌族地区，如《吴越春秋·越王无余外传》说："鲧娶于有莘氏之女，名曰女嬉，年壮未孳，嬉于砥山，意为人所惑，因而妊孕，到胁而产高密。家于西羌，地曰石纽。石纽，在蜀西川也。"

"戎人"的一部分。秦汉时期的河湟羌人即源自这一群体。秦国向西开拓给他们的政治、经济生活带来深刻影响。传说秦厉公时,一个名叫无弋爰剑的奴隶逃亡到河湟地区后,才将农业生产技术传到羌族地区,同时人口增殖,部落首领也产生了。秦献公时,羌人繁衍日众,兼之秦国势力的威胁,便更大规模地向外流动,特别是向西南迁徙。这些散之四方的羌人部落,有的强大,有的弱小,或以农耕为主,或又偏重畜牧,或被汉人同化,或与土著结合,道路各异,呈现出千姿百态的面貌,为我国多民族大家庭增添了更加丰富多彩的内容。

河湟羌人迫于秦人的军事压力,继续大规模地远距离迁徙。向西发展的发羌、唐旄后来成为藏族先民的一部分。往西北迁到新疆天山南麓的一支,成为"婼羌"。更有大量的羌人向西南迁徙,成为岷江

河湟

上游的羌人。甘肃东部与青海东部的河湟羌人，在汉代造成严重的"羌乱"，汉朝以进剿、移民、屯兵等手段对付羌人。对羌人的战争军费付出过巨，西北诸郡又因战祸凋敝，成为汉帝国衰亡的重要原因之一。从汉至南北朝时期，羌人不断内迁，形成了民族的大融合。

唐代崛起于西方的"吐蕃"，便是源于河湟羌人向西发展的一支，其所吞并的苏毗、羊同以及党项、白兰、白狗等人群，在我国古代文献记载中也都是"羌人"。9世纪末，吐蕃陷入衰乱中时，党项羌崛起，建立西夏王国，王国在13世纪为蒙古所灭。自唐宋以来，陕西渭水流域的羌人逐渐融入汉族，而甘青河湟地区与川西北的羌人，也分别融入汉族、蒙古族、藏族之中。最后在明清时期，只剩下岷江上游及附近北川地区有羌、羌番或"羌民"存在。

● 史诗中的民族画卷 ●

现代羌族的主体主要生活于今岷江上游一带。羌族民间史诗《羌戈大战》记述了这一支羌人所来何方，今又所居何地。

史诗说在远古时期，羌人住在西北大草原：

> 在远古的时候，
>
> 大地一片莽原。
>
> 牛群羊群多兴旺，
>
> 羌人儿女乐无边！

但战争及自然灾害逼使羌人向西迁徙：

> 无情的天灾和战乱，
>
> 失去了美丽的家园。
>
> 羌人集众往西走，
>
> 去寻幸福的源泉。

其中一支在首领白苟的率领下向南迁移：

> 阿巴白苟是大哥，
>
> 率众奔向补尕山。

羌语"补尕山"指青海、四川间的一座大山。多亏羌人始祖、天女——木姐的帮助，用白石变成大雪山（即今岷江上游的大雪山），才挡住了追兵，羌人继续南下：

> 羌人摆脱了魔兵追击，
>
> 顺着山梁整队往下转。

雪山

　　千山万岭脚下过，

　　来到热兹水草原。

羌语"热兹"即松潘。在这里，羌人筑房、建寨、定居，进行农业生产，畜牧业也更加兴旺：

　　一年一月地过去，

　　羌寨人畜大发展。

　　三年三载过去了，

　　羌寨牲畜满圈栏。

为了报答神恩，羌人开始供奉白石神：

　　雪山顶上捧白石，

　　白石供在房顶正中间。

后来住在"日补坝"（今茂县境内）的"戈基人"一再骚扰羌人，在天神几波尔勒的帮助下，羌人用白云石和藤条杆打败了戈基人，又移居"日补坝"：

　　日补坝，宽又宽，

　　鲜花开满山。

　　羌人战败了戈基，

　　在这里重建家园。

羌人通过发展农业生产和畜牧业，繁衍人口，势力壮大。阿巴白苟的大儿子合巴住在格溜（今茂县），二儿子昔查住热兹（今松潘），三儿子出们住夸渣（今汶川），四儿子出主住波洗（今理县薛城），五儿子木勒住慈巴（今黑水），六儿子格日住喀书（今汶川绵虒），七儿子骨夷住尾尼（今灌县娘子岭），八儿子娃则住罗和（今灌县），九儿子尔国住巨达（今北川）。羌人遍布岷江上游地区和涪江上游部分地区。

拨开史诗中的神话外衣，透露出羌人历史上的一段经历。他们由青海南下的迁移路线充分证实了他们与西北古羌人的密切关系。

岷江源

三星堆文物中戈基人形象

《羌戈大战》史诗反映出现今这支羌族的先民与戈基人作战的史实。而从考古资料中可以得知，行石棺葬的居民定居这一带是在战国到西汉之间，那么，现今羌族的先民至迟在这段时期已经迁移到岷江上游了，他们为山区开发和伟大祖国的缔造付出了辛勤的劳动并做出了巨大的贡献。

● 从岷江到梵净 ●

他们是什么人？他们来自何方？

居住在黔东梵净山区的当地人，对一个特殊的族群感到深深的好奇。虽然大多数时间里，他们与其他人的穿着一样，生产生活方式也有很多相同的地方，但是在某些时候，他们又表现出与其他人群不一样的地方。他们，就是后来被称为"羌族"的人。

从羌族人口分布地图可以看出，贵州羌族只占整个羌族人口中很小的一部分。现代羌族主要生活在四川省西北部岷江流域上游的高山之上：阿坝藏族羌族自治州的茂县、汶川、理县、松潘、黑水，绵阳市的北川羌族自治县、平武县，甘孜藏族自治州丹巴县等，另外，在贵州省江口县、石阡县，甘肃南部，陕西西南，云南部分地区有散居。那么，黔东梵净山区域的这些羌族，他们是何时从何地来到这里的？

羌族人口

1953 年我国第一次人口普查时，羌族总人口仅有 3.47 万。在 2010 年第六次人口普查时，羌族有人口 30.9 万人。主要分布在四川境内，另在贵州省东部、甘肃南部、陕西西南、云南部分地区有散居。

据 2000 年第五次人口普查，贵州羌族有 1431 人，分布在 32 个县（自治县、市、区、特区）。大部分聚居在铜仁市石阡、江口两县，约 1200 人。

关于贵州羌族的来源，我们根据贵州羌族的传说、古歌或家谱等来追本溯源。

人口稀少的贵州羌族曾经在相当长的历史时期内被淹没在其他民族之间。中华人民共和国成立前，由于民族歧视和压迫，他们隐瞒自己的民族成分，报为汉族。中国共产党十一届三中全会以后，由于落实了党的民族政策，羌族同胞纷纷要求正本清源、追宗寻祖。通过调查和考证，经贵州省人民政府批准，1986 年 6 月 27 日和 7 月 4 日，主要居住在江口、石阡两县的这部分羌族分别恢复了自己的民族成分。

很显然，生活在黔东的羌族的根不在这里，他们如同一棵大树上的一片树叶飘落到了此地。

羌寨的大树枝繁叶茂

　　黔东大地上的羌族从哪里来？学者们试着去考证，羌族同胞自己也在寻找答案。

　　关于贵州羌族的族源，有一点可以确定的是，他们的根在四川岷江上游的群山间。四川羌人何时进入贵州，史籍并无明确的记载。在民间，羌族同胞有自己的说法，这些说法或来自祖辈的口口相传，或来自族谱的记载。

　　在贵州羌族唯一聚居地——江口县桃映乡漆树坪羌族迁来的时间，目前有两种说法：一说明代初期，距今六百多年；一说清朝初期，距今三百余年。漆树坪羌寨的胡云高老人介绍说："我祖胡仁朝住四川茂汶（今茂县、汶川两县），有九个儿子，第四子胡宗礼是我们的直系祖先，胡宗礼之子胡云才从茂汶迁至湘西，又从湘西迁到铜仁，再迁到江口桃映乡瓮稿沟龙家屯胡家坡，住了几代后，才由胡再江迁匀都乡木城村奔西坡定居，在此处栽了棵漆树，改地名为漆树坪，子孙繁衍至今。从胡云才开始入黔，到我是十二代，下面还有两代，共十四代人。"由此看来，贵州的羌族主要从四川迁移而来，按"十二代""十四代"推算，时间约在明末清初。另外，胡氏家谱中有"始祖迁辰以来，流离转徙"的文字，"辰"指的是湖南的辰水，江口县位于武陵山区辰水流域的上游。

　　流传在漆树坪的两首古歌生动地描述了羌族先民的迁徙情况。一首叙说："古时羌人住在美丽的岷江河畔，自从人间出现了恶魔，好像豺狼虎豹太凶狠，仿佛云雾遮地不会散，如同河水涨来泛滥成灾。羌众不能定居，多难的羌人要从家乡迁走，多难的羌人要从家乡迁去。"另一首叙说："我们羌族人，经受了无数的苦难，美丽的日补坝虽然好，天灾人祸太多我们不能在，子子孙孙都不要到坝上安寨。高高的羌寨，山清水秀灾害少，山高不怕大水淹，坡陡坏人很难爬上来，密密森林难开路，恶人也不敢随意进村寨，从今以后，子子孙孙都在山上安寨。"从古歌的叙述可以看出，当地羌族在四川遇到战乱、天灾等，不得已背井离乡。他们在明末清初从四川迁过来，先到湘西，后至铜仁，再迁至江口桃映乡瓮稿沟龙家屯，住了数代又迁至木城村的漆树坪。

不过，还有人认为，漆树坪羌族的先祖可能是来自清朝军队当中的羌族士兵。有学者称，清乾隆六十年（1795 年）初，"乾嘉苗民起义"在湘黔边区全面爆发，乾隆皇帝派云贵总督福康安、四川总督和琳、湖广总督福宁带兵镇压。战斗中，清军损失巨大，和琳、福康安相继死于军中。镇压苗民起义的清军群龙无首，四处溃散。当时，和琳部队主要以四川士兵为主，其中相当一部分是羌族士兵。和琳去世后，其部队分化瓦解，逃居各地，作为镇压苗民起义的漆树坪羌族先人，当然无法融入苗民居住区，于是便选择山高林密的偏僻地区居住下来。清道光年间编制的《铜仁府志》，对福康安、和琳率兵在湘黔边境与

云上的居所

羌寨炊烟

苗民进行战斗有较为详细的描写，但是否有羌族士兵不得而知。也许可以这样设想，在二百多年前，一群羌族士兵离开家乡——川西北的高山，随着部队来到了湘黔边境。在经历了一次次的战斗后，部队处于一种松散状态。于是，有羌族士兵滞留在湘黔边境。经过不断地迁徙，最终到了江口县桃映乡的奔西坡定居，在此处栽了棵漆树，后代子孙便在这重新被命名为"漆树坪"的地方生活繁衍至今。

关于石阡夏姓、姜姓等羌族的来源也有着不同的说法。

石阡县羌族以夏、姜两姓为主，他们散居在石阡县城及各乡镇。石阡县汤山镇羌族夏熙清说："我们的祖先夏正大大约在明末由四川迁到石阡摩罗，已繁衍了十一代以上。"流传于夏姓羌族中的《迁徙歌》说："我们祖宗原来住汶川，草坡、寿江美如画，因为要躲避战乱，只好含恨离开家。老家住不下，要把生路寻。"歌中的草坡、寿江，即岷江上游的草坡河、寿江河，在四川省汶川县境内。而姜姓族人介绍说："姜姓原在甘肃天水郡，后迁四川，因官家征调，由川入黔，到石阡聚凤已十二代人。"他们在古歌中唱道：

就 我们羌族祖先，

住在什么地方？

就在沱水两岸，

种的是青稞。

只因官家征调，

从那雪山一带走出，

祖公沿河往前走，

孤孤单单向前行。

民族的历史通过一代一代的传唱与诉说，得以保留在贵州羌族的记忆中，所有的来路都汇聚在川西北岷江畔的高山上，那里是他们的根。可能他们离开祖居地的原因有所不同，但相同的是，他们生命中都镌刻着同样的民族基因。

羊：羌族重要的文化符号

在数千年的演变过程中，羌族辗转于中华大地，有的延续下来，有的受到民族大融合的洗礼，或分化为别的少数民族，或淹没在汉文化浩瀚的海洋之中。然而文化能够见证一切，就如我们可以凭借基因检测来证明一个个体到底来自哪一支血脉、哪一个族群一样。

从文字的构成上来说，"羌"这个字是由"羊"与"人"两部分构成。许慎在《说文解字》中说："羌，西戎牧羊人也。从人，从羊。"古代文献都把"羌"作为从事畜牧业且以养羊为特色的一个民族。范晔在《后汉书·西羌传》中说羌人

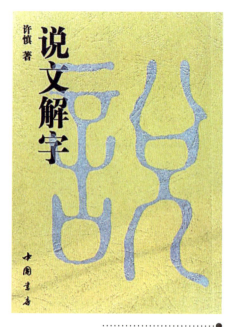

《说文解字》书影

"所居无常，依随水草，地少五谷，以畜牧为业"。羊在羌族生活中占有重要地位，羌族对羊怀有特殊的感情。一首广为流传的《放羊歌》中这样唱道："正月放羊是新春，早放羊，早起身，羊儿吆喝前面走，露水打湿脚后跟。二月放羊是春分，遍地草儿绿茵茵。羊儿不吃山中树，爱吃地上草青青……"歌词从正月一直唱到腊月，历数放羊的欢乐与艰辛，也流露出牧羊人对羊儿的感情。

有动物学家称，早在一万多年前，羊就生活在甘青草原上。由于羊性情温顺，易于驯服，肉食鲜美，皮毛又是御寒的最佳物品，具有多种实用价值，羌族先民很早就开始驯化和饲养羊，从羊身上获取生活的必需品，并从中获得与大自然作斗争的力量。当时的羌族认为羊除了能满足日常生活的需要外，还能保护自己部族成员的灵魂，因此在众多的自然物中，羌族先民选出了与自己生存最密切、最亲近、最重要且影响最大的羊，将它放在特殊的位置，采用一定的仪式，对之进行崇拜，期望能得到它的庇护。

羌族先民在对羊的崇拜过程中，逐渐注入了人类特有的血缘和亲族的观念，羊开始显示出它从来没有过的神圣性，逐渐成为羌族的重要文化符号。

以羊祭山是古羌人的重大典礼。在一些羌人活动的地区，羌民所供奉的神全是"羊身人面"。现在的羌族地区仍然存在许多视羊为血缘关系形式的崇拜。在日常生活中，羌人喜欢养羊、穿羊皮褂、用羊毛织线，祭祀活动中常用羊做祭品。羌族少年举行成年礼时，羌族巫师把白羊毛线拴在被祝福者的颈项上，以求羊神保佑。羌族巫师所戴的帽子有两个角，是用羊皮制成的，巫师所持法器也全是用羊角、羊皮、羊骨等制成。传说羌族先民在向岷江上游迁徙的途中，保管经书的巫师劳累过度，昏昏入睡，他们的经书掉落在地上被羊吞吃，后羊托梦给羌人说："我死后，可将皮做成鼓，敲三下，经书就会道出来。"由此可以看出，羊被羌人赋予了高于巫师的地位，甚至成为羌族文化的神圣传承者。羌族中，人死后，要杀一头羊为死者引路，俗称引路羊。羌族认为，死者的病都可以在羊身上反映出来，杀死羊后要寻找死者病根，并认为羊为人的一半，他们将羊血洒在死者手掌上，意为人骑羊归西。在一些羌族地区，还有用羊骨和羊毛线占卜的习惯，以预测

晨雾中的羊群

吉凶。

祭祀法器

羊头形双耳罐

羊崇拜是羌族原始宗教信仰的一个重要内容。按羌族人的说法，羊既是羌族文化的载体，也是羌族亲密的朋友，它既是崇拜对象，又给羌人带来了食物和衣物。羌族自称"尔玛""尔咩"，音近羊叫声。由于羊的特殊身份，羌族有很多习俗都与羊有关。古羌人颈上悬挂羊毛线模拟羊的造型；今天的羌族在冠礼和除秽仪式中还要悬挂羊毛线，以示与羊一体。在羌寨处处能看到以羊为原型的装饰、纹样、壁画、雕刻等。羌族装饰纹样的主要灵感也来自于羊，如羌族考古发掘的文物中最具代表性的就是羊头形双耳罐，服装上的纹样也多有羊角纹。由此可见羊在羌族人生活中的地位和作用。

但是，随着羌族在迁徙中渐渐地远离平地向高山发展，定居下来，他们就不再以养羊或畜牧为主了，农耕的比重已远远超过畜牧养殖。即便如此，我们看到，羊依然是羌族很重要的一个文化符号。

● 牛：亲密的生产伙伴 ●

除了羊，牛在羌族传统文化与日常生活中也占有重要地位。

羌族先民在迁徙过程中，从高原到平原、从西北到西南，生活环境在不断地变化，也与其他民族相互交融和影响。牛逐渐取

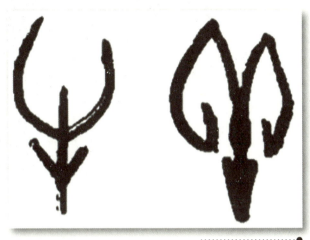

"牛"和"羊"

得了与羊一样重要的地位，到后期其重要性甚至超过了羊。

古文字中"羌"是牛羊崇拜和信仰的组合体，代表了羌人对牛羊动物的主体崇拜和多神信仰。古文"羌"字的"十"似乎代表牛，而"久"似乎代表羊，牛羊组合恰好是早晨牛羊在牧人的驱使下向水草肥美的牧场进发的形象表示。家畜一般是以牛羊为主，牧人赶着牛羊去放牧，就是一个"羌"，蕴含着对牛羊的美好憧憬和向往，其内容表达了羌人的牛羊崇拜。"羌""姜"本为一字，其含义基本相同，具有培养、抚养、饲养、保育、放牧家畜、守护等义解。其引申义有保护者、太阳、父亲、能抚养或能庇护的人，意为母亲、女护法神。还包含有对牲畜，如牛羊等家畜的崇拜和爱护。

在羌族端公（羌语称"释比"）所唱诵的《羌戈大战》的经文中，我们就能看到牛的身影。很早以前，天神阿爸木比塔要他儿子赶着天上的神牛，找一个没有夏季没有冬季的地方去放。他儿子就把牛放在羌族生活的地方。过了几天，天神要他儿子去数牛。初一去数，牛没

少。初二去，花鼻子的牛不见了。初三，断尾巴的牛也不见了。初四，跛脚的牛也不见了。初五，没角的牛也丢了。天神阿爸木比塔就来查。原来，当时这儿住了两种人，一种是羌人，另一种是戈基人。羌人是从外地来的，很受戈基人欺侮，羌人就想除掉戈基人。羌人跟戈基人说，我们把神牛杀了吃吧。他们以酸菜煮牛肉，羌人专捡酸菜吃，戈基人吃牛肉、牛筋。天神下来查的时候，羌人说，你看，我牙缝里都是酸菜。天神看了，又查看戈基人的牙，牙缝里夹的都是牛筋。因此天神对戈基人有了不满。天神再问他们如何敬神，羌人说，我先敬神，再喂猪狗，剩下的自己吃。戈基人说，我自己先吃饱，再喂猪狗，猪狗不吃的再敬神。于是，天神心里就有了主意，后来他帮助羌人消灭了戈基人。

　　从羌族的古老传奇中可以得知，很早以前，羌族先民就已开始养牛了。

　　贵州境内多山，镶嵌于其间的一个一个"坝子"成为人们居住和生产的地方。稻谷种植是一项重要的农业生产，于是牛就成了人们生产中的好帮手，是农耕的主要生产力，几乎家家都有一头甚至几头牛。在日常的劳动生活中，人与牛之间形成了亲密无间的关系。羌民中有祖训："饿死不吃种子和牛。"由于牛在羌族生产生活中的重要作用，牛也受到羌族的崇拜，成为羌族自然崇拜中的神灵，其地位几乎和羊等同。羌文化中的牛崇拜渗透到传统观念、风俗习惯中，并在婚丧、祭祀、占卜以及生活、生产中表现出来。

● ⋯⋯⋯⋯⋯⋯
羌寨人家

● ⋯⋯⋯⋯⋯⋯
羌寨祭台

　　羌族非常隆重的"祭山会"，旨在祈求山神保佑六畜兴旺、五谷丰登、林木繁盛、地方太平。"祭山会"一般是在农历的五月举行，因为五月是耕耘的季节，因此，祭山被视为祈年或"还愿"。又因为牛在耕耘中的作用至关重

牛圈

要，所以祭山活动中不仅要还羊愿，更要还牛愿。羌族祭祀牛，还牛愿是"祭山会"的重要内容。

从贵州羌族的民居建筑中也可看出羌族对牛的尊敬与崇拜。羌族的住房一般是两层或三层的木瓦结构的干栏式建筑。这种住房往往是第二、三层住人，而最下面的一层则用来关牛，也就是说贵州羌族的牛栏和自己的住房是同一座房子。这可以看出牛在贵州羌族心中的地位之高，反映了贵州羌族对牛的敬仰和崇拜，也是羌族追求人与动物和谐共生的体现。

羌族对牛的深厚感情也熔铸在了游戏中。在过羌年的活动中，一般会开展一种与牛有关的游戏活动，即由小孩装扮成牛的样子，在寨中坝子里进行"斗牛"活动，胜者给予一定奖赏。羌族的自然崇拜与日常生活在斗牛游戏中得到和谐统一。

● 白石莹莹为敬神 ●

羌族信仰的诸神，除火神以锅庄为代表外，其余诸神都以白石为象征，这就是有名的白石崇拜。

去羌族村寨，如果你向民居屋檐上望去，常会看到在房顶正中和转角处放置有几块洁白的石头。这些白石，既是色调灰暗的羌族木结构房屋的一种耀眼装饰，更是羌族群众心目中至高无上的圣物，是神灵的化身，是各种神灵驻足人间的居所。而中间最大的一块，即为神圣无比的天神阿爸木比塔的象征。将崇高的神性赋予在白色的石块上，并形成普遍的信仰，这一有关羌族民众信仰行为的形成可以在古老的羌族史诗中找到答案。

《羌戈大战》中记述：生活在岷山草原一带的羌人，突然惨遭从北方袭来的魔兵——戈基人的烧杀掳掠，羌人原来的九支宗系被戈基人四处冲散，各自逃生。曾经得到太阳神传授本领的大哥阿巴白苟只得率其子孙避于补尕山中。本来通晓天事、神事、人事的阿巴白苟，由于逃生途中将羌文经典不慎遗失并被白毛公山羊偷吃了，因此一时"天事人事都茫然"。此时，戈基人又穷追不舍，羌人只好与戈基人血战于补尕山间。在寡

羌寨大门

白石莹莹为敬神

漆树坪羌寨

不敌众的情况之下，羌人的兵马损失大半，阿巴白苟射出的神箭也未
能阻止戈基人的猛烈攻击。羌人的哀号声惊动了始祖木姐，木姐见其
子孙遭难，立即从空中抛下三块白石，指令三块白石变成三座雪山，
挡住戈基人的追击，使羌人得以脱险。羌人脱险后，在木姐的指引下，
来到热滋大草原重建家园，子孙不断繁衍，呈现一片繁荣景象。三年
过后，戈基人又来侵犯，阿巴白苟只得率众与其血战于苏脱山上。双
方势均力敌，难分胜负。此时，天神对这场战争进行干预。由于不敬
神的戈基人偷吃了天界的牛而触怒天神，天神便给羌人以白石、藤条
作武器，而将白雪团、麻秆给了戈基人，让双方对打。结果，戈基人
被打败并"大部摔死岩下边"，羌戈大战以戈基人惨败逃亡、羌人获
胜重建家园而告终。为报答神的恩惠，羌人欲向神献祭，但不知神为
何物。民众领袖问："我们祖先打灭戈基人用何武器？"众答曰："用
坚硬之棍打胜，用白石打灭戈基人。"领袖云："白石打灭戈基人，
即报白石可也。"众人称善，各觅一石而返。于是乎白石便被赋予神性，

草原

成为天神阿爸木比塔的象征。

白石崇拜历史悠久。羌族人在举行任何重大仪式时，都必讲这段光荣历史。在供奉神灵的地方，无论山上、地里、树林，还是庙里、屋顶、火灶等处都供以白石。其中，以供奉在屋顶上的白石代表最高的天神。

苦难酿造了信仰。在民族存亡的关键时刻，获得天神启示和帮助的羌族，将生存的欲望、幸福的幻想和炽热的情感化为对天神阿爸木比塔的信仰，将无形的天神以及众多神灵转化为有形的白石并加以虔诚的崇奉，从而形成广泛的白石崇拜现象。而羌族传统民居上面摆放的象征天神阿爸木比塔的白石，也是白石崇拜的一种遗迹。对天神的感念就这样一代一代通过洁白的石头传承下来。所以每当遇到重要的节庆时，祭祀仪式中都会有一项内容，就是向白石表达他们最虔诚的崇敬之意，同时祈求天神给自己带来吉祥和平安。

羌族对石头的崇拜实际起源于石头的工具和武器作用，石头崇拜与羌族的尚白习俗相结合，也就产生了羌族独特的白石崇拜现象。羌族"白石在，火就在"的观念和白石生火的事实，又使羌族的白石崇拜深深打上了火崇拜的烙印。白石生火，白石中居住着火神，它也是火神的象征。同时，白石生火——一种事物产生另一种事物的事实，隐含着"生"的观念。所以，白石生火与人类生育观念相通，使白石在羌族的心目中具有生殖功能和阐释族源的功能。最终，白石成为各种神灵的象征，从而被供到羌族屋顶上和村寨外的神林中。几千年来，白石一直是羌族精神世界中一块光焰不灭的宝石。

羌族民居上的白石

● 尔玛人的佛与道 ●

观世音菩萨

羌族不断迁徙、不断融合的历史发展，让他们有一个开放的心态。这从他们的宗教信仰上可见一斑。羌族是多神信仰，崇拜的神有数十种之多，其中有自然神，如天神、地神、树神等；有地方神；有羊崇拜、白石崇拜等。除此之外，羌族中也存在着对佛教、道教的信仰。特别是在与汉族社会交往比较密切的地区，羌族对佛道中神仙的膜拜是一个普遍现象。

佛教和道教本是中原地区民间非常普遍的两种宗教，明清以来，这两种宗教在贵州羌族地区得到了更为广泛的传播，有大量的信徒。

在佛教信仰方面，羌族信仰的佛教尊神主要是观世音菩萨。因为观世音那种救苦救难、大慈大悲、普度众生且公正无私的行为满足了处于下层社会的广大苦难信众渴求解脱、向往幸福的迫切心理，对于处在现实苦难中的普通贵州羌族民众，更容易产生强烈的心理共鸣和吸引力。早在清朝光绪年间，江口县漆树坪羌寨的羌民就在村寨边修建了一个小小的灵官庙，以供奉观音和关帝诸神。每逢一定的节日，羌民都要到庙里进行祭拜。此外，在每年农历的二月十九、六月十九和九月十九这三天（传说中观音的生日），羌民都要到寨子背后的山上向着对面的全国第五大佛教名山——梵净山祭拜观音娘娘。届时，羌民或几家一起、

或单个一家，带上斋粑、豆腐或水果等祭品以及一些香烛、纸钱等物，登上山顶，对着梵净山焚香烧纸虔诚祭拜，祈求观世音菩萨保佑家人身体健康、幸福平安。甚至该村每家每户厅堂里的神龛上也供奉"南海岸上救苦救难观世音菩萨尊神之位"，每逢节庆之时，单个家庭在自己家内就可祭拜。可见，不管是集体，还是单个家庭甚至个人，都对观世音菩萨有浓厚的宗教情结，羌族佛教信仰之强烈可见一斑。

　　如果佛教主要注重来世的话，那么道教则主要是注重今生。羌族是一个既向往来世，也珍惜今生的民族。所以，除了信仰佛教外，羌族的道教信仰也很强烈。常有一些道教神仙被羌民作为神灵供奉着，比如在漆树坪羌寨，和观世音菩萨一样，每家每户厅堂神龛上也有"湘西福主许仙真君萧宴二公尊神之位"、"合家大小九天司命灶王贵府星君之位"和"思铜显化求财有感四官大神尊神之位"，这里的许仙

堂屋的神龛

贴在门楣上的符——道教信仰的痕迹

灵官庙里供奉的神位

真君和萧宴二公都是传说中道教的代表人物，后来在民间演化为降妖除魔、为民除害的水神；这里的"灶王爷"和"财神爷"分别是掌管家庭祸福、督查人间善恶和主管人间物质和精神财富的神明，是道教中人气很高的两大神仙。羌民对这些神仙的尊崇也反映在日常生活中，譬如不能拿火钳在灶上敲打，除夕时要在灶门前烧纸，以视对灶王爷的尊重。羌民经常会请道士来村里或家里做法事活动，每逢一定节日还要到各家土地里焚香烧纸，祭献土地神，以保护一方水土，佑护五谷丰登、财源滚滚。

当然，羌族的佛教和道教信仰实际上并未严格区分，它们二者不是对立存在的，而往往是出现混融交错的情况。比如，羌民家庭神龛上的诸神之灵位，既有佛教之神，也有道教之神，甚至在其祭祀的固定场所——灵官庙里面也是既摆放了佛教观音的神位，也安放了道教关帝的神位，二者同时祭拜。

营造 家园
YINGZAO
JIAYUAN

择山而居

　　人们常说：蜀道难，难于上青天。羌族最主要的居住地四川西北部处于青藏高原边缘，山高坡陡，沟深谷狭。岷江上游地区平均海拔在 2000~3000 米，羌族民谣唱道："上山如上天，下山脚杆软。两面喊得应，走路要半天。"旧时羌区所谓"官道"，只不过是沿着河谷、攀援悬崖绝壁开凿修成的羊肠小道。行人仰望只见"一线天"，俯视峭壁下的河流像一匹起伏翻飞的白绸。这是羌族历史的选择。羌族在这样的地理环境下，用智慧和勇敢顽强地生存下来，他们用栈道、溜索、索桥等来改善交通不便的问题，并就地取材，依势而建，成就了其精湛的建筑艺术。

　　贵州羌族的先民由于受自然灾

梵净山

　　梵净山是武陵山脉主峰，位于江口、印江、松桃三县交界处，其最高峰——凤凰山海拔2572米。梵净山是国家级自然保护区，联合国"人与生物圈"保护网成员单位，曾荣膺2008年度和2009年度的"中国十大避暑名山"，是全国著名的弥勒菩萨道场，是与山西五台山、浙江普陀山、四川峨眉山、安徽九华山齐名的中国第五大佛教名山，在佛教史上具有重要的地位。

害、战争动乱等影响而离开原居地，希望寻找一个适宜继续保持自己的经济生活方式的迁居地方，江口县漆树坪的半山缓坡草坪适宜发展畜牧业，是天然的放牧场地，成为他们生存之地的理想选择。另一方面，游牧民族的经济结构单一，对农业依赖性较大，石阡县的农耕区对羌族畜牧经济是有益的补充。

　　贵州省东部有一座充满神秘色彩的美丽山峰——梵净山，它是屹立于云贵高原向湘西丘陵过渡的大斜坡上的巨人。梵净山麓生活着多个民族，其中羌族虽然人数不多，但与其他民族和谐相处，共同编织了绚烂多彩的民族画卷。

云雾缭绕的香炉山

层层山峦无尽延绵，在山顶抬头望天，仿佛天空触手可及；亮开嗓子喊一声，声音似乎能传至天边。四季变化与一日阴晴都能为你营造出不一样的色泽变幻。其中一个山头坐落着贵州省唯一一个羌族山寨——漆树坪。漆树坪羌寨位于海拔 1200 米的香炉山顶，雄踞山巅，可洞察方圆百里的风吹草动。

择山而居，这是羌族的一种生存选择。曾活跃在甘肃、青海的党项羌民在 1038 年（北宋宝元初年）建立了强大的西夏王国，1227 年（南宋宝庆三年）西夏在蒙古大军持续不断地打击下灭亡，党项羌民中的一小部分背井离乡，一路迁徙，进入岷江流域的崇山峻岭中安定了下来。羌族人认为高山才是最能保护自身安全的地方。漆树坪羌族先民从四川来到湘黔边境后，也是一路迁徙，步步向上，最后才定居于香炉山上。

羌寨中有一座立于清光绪十七年（1891 年）的"威灵显应碑"，上面说漆树坪"咫尺一带之地，当中别开生面，飘飘兮仿若桃园胜境。

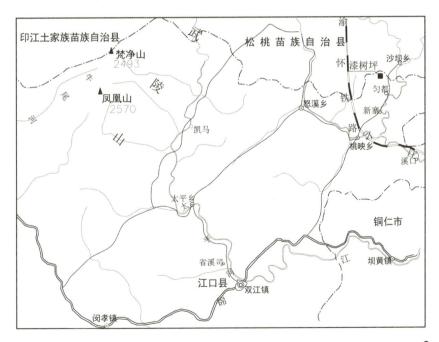

漆树坪地理位置示意图

石碑记载着漆树坪羌寨的历史

高山作赋霭山低，四围拥护共朝兹"。漆树坪羌族先民也许正是看中这是一块风水宝地，才最终落户于此。由于地势高，又坐西向东，是一个极佳的观日出的地方。冬天的清晨，云雾氤氲在半山腰，看太阳从山峦后慢慢升起，景色异常美丽。这也许正是"云朵上的民族"所独享的美景。一位曾经在外打工十几年的羌族大哥很自豪地说："在外面打工时，别人说去看日出，我就对他们说：我在家里躺在床上就可以看日出！"

　　位于江口县桃映乡最北端的漆树坪羌寨现有人口 200 余人。自 20 世纪 80 年代以来，有不少青壮年离乡外出到经济发达地区打工。但是随着政府对西部发展的日渐重视，扶贫开发政策到位，相继有一些人回到了羌寨。

● 绿林绕村　自然为大 ●

相传，远古时期大地蛮荒一片，古羌人头顶如火烈日，脚踏滚烫大地，他们将希望寄托于上天，焚香祷告，乞求垂怜。香烟袅袅，穿云破雾，终于惊动了上天诸神，也震动了天神阿爸木比塔。天神于是命天兵天将把天庭后花园内的九棵杨树、七棵柳树和三棵柏树送往人间。此后羌族地区出现了林木繁茂、鸟语花香、百业兴旺的盛景，羌族人也由此过上了吉祥、太平的日子。为答谢天赐神林之恩，羌族人将树神尊为森林天神和生命之神。羌族地区至今仍流行着"顶大顶大的是天地，天地之后排神林"的古歌，由此可见神林在羌族人心目中的神圣地位。

被视做神树的古枫树

按照古老的羌族习俗，羌族人为了表达对日月星辰、雨雪风霜、山川河流、森林草原等大自然的崇敬之情，会用一定的活动仪式去酬谢自然诸神、祭祀祖先。于是，每年的农历四月至十月期间，在不同的时间和地点，羌族人要举行祭山活动。羌族有"古时敬神在森林""天地之后神林为大"的说法，因此祭山活动多在"神林"中举行。

在羌族村寨附近一般都能看到一片苍翠的树林，这就是当地羌族的"神林"，被他们视为神灵栖居的地方，也是羌族祭神的场所。神

神林旁的古井

林中的一草一木，当地人均不敢任意触动，否则会被认为是催祸，导致"庄稼不丰"或"六畜不旺"等。

贵州羌族自川西北迁入现居地以来，一直保留着对神林虔诚的信仰。

神林中挺拔粗壮的树木，是羌族神林崇拜的主要对象。如漆树坪村背后茂密神林中在水井旁的三棵古枫树，呈"品"字结构屹立在水井边，像三位将军一样守护着村寨的安全。这三棵古枫树也就自然成为该村羌民神林信仰的对象，并获得尊称——"王灵官"。这里的羌民认为，神林里的树木包括杂草都是不能随意破坏的，尤其是不能对三棵"王灵官"不敬，如果对之不敬，比如用刀砍了这些树，砍树之人及其家庭必遭难。可见，在羌族人看来，这些神树的地位是异常尊贵的，容不得任何人对之进行亵渎和伤害。全寨羌民还要定期对这几棵神树进行祭祀。届时，寨老带领全寨羌民来到水井边，向神林敬献祭品，祈求神林的保佑，也表达对神林的尊敬。同时还唱诵经文，其大意为：神树林威力无边，人若不敬它，就会禾苗不生、五谷不丰、六畜不安，人若不听神林话，就会天塌地陷遭天杀等。同时，因为祭祀也严禁羌民去林中砍柴、挖药或狩猎。

绿意盎然

贵州羌族的这些神林祭祀活动实际上是羌族人原始朴素的"春祷秋酬"农事祭典活动，同时也表达出他们崇尚自然、热爱自然的天人合一的纯美情感，于无形中对后人起到了护林和注重生态意识的教化作用。

● 神秘的梵净尔玛堡寨 ●

来到高山之巅的江口县桃映乡漆树坪羌寨，你首先看到的就是一口水井，它就在进寨的路口，是羌寨最为重要的生活水源。水井是一个用墩子石扣成的石井，水源高出饮用井 1 米，离水井 3 米，这样就保证了水源的卫生。水井下方的水塘，供牲畜饮用，因地势低，且有 5 米距离，对饮用水不构成污染。井边有参天大树十余棵，有的需三人合抱，这样的树没有数百年难以长成。

羌寨老井

据寨里的老人讲，原本寨子周围有土坯围墙。另外，为了抵御外敌入侵，他们每家在房屋建成后，会在房屋一尺外筑墙，把房屋和院坝团团围住，只有大门出入，

巷道

墙上还凿有瞭望孔，便于观察和自卫。整个寨中建筑依山而居，向阳背风。所有房屋互相连接，可进可退，可攻可守。一旦防护墙被攻破，他们还可退守后院，后院被攻破，则发挥每家每户的后院连在一起的优势，顺利撤退。20 世纪 40 年代末，寨子被烧，为了证明自己是汉人，他们不再修防护墙，也不再修后院，而是修成了木质的四合院，两边

花雕窗

玉米丰收

厢房，中间堂屋，但还是作了改进，比如堂屋的六合门，可卸可装。为了进出方便，有的人家干脆不装六合门。堂屋的香火板也供奉天地君亲师位，但在神龛和后壁之间辟有巷道，巷道两端有门与两侧卧室相通，如有急事，可互通情报，以应付突变。每间房都留有一洞口和楼上的豁口连在一起，进退自如。于是，每家每户的房子内部间间相通，且堂屋后都有通道可通往邻家。这样就使全寨形成互有联络的整体。背靠高山、面临峡谷，复杂的街道布局和方便的连通，再加上左边的"龙冠子"（山名）与右边的"水井子"（山名），构成了堡垒般的防御体系。

进入寨中一户人家，主人全家已搬迁至山下桃映乡政府所在地，房屋空着，但未上锁。整个房屋格局为一正两环，"一正"即堂屋与左右两厢房，"两环"指正屋前院坝两边的房屋。屋内全是木地板，厢房楼上还有雕花木刻，每间屋内也都有除门窗外的一个可容人上下的孔，楼上每间都有匹配的门洞。在院坝外侧边缘残留着一段土墙，

羌寨老宅

这土墙的年岁应和羌寨相仿，主人很用心地用塑料布搭盖着。

　　据寨中老人介绍，羌寨外围曾经筑有围墙，但在20世纪40年代后期被土匪毁掉多半。不过一些民居的围墙还有残留，可看到土坯或石砌的房屋基础。围墙上外小内大的观察口或射击口更是昭示着羌族人自我保护的强烈意识。与川西北的羌族民居不同，居住在此地的羌族因为多木材，以及受汉文化及苗族、土家族等建筑的影响，多建造木质结构的房屋。还值得一提的是，有些房屋还装饰着精美的雕花，主要体现为门窗上的各种吉祥纹样，与汉族民居中的雕花具有相似的特点。

　　人与环境和谐相处于天地间，羌寨更显神秘和美丽，因此，这里便有了一个"神秘的梵净尔玛堡寨"的美誉。

● 通神的居所 ●

碉楼

　　贵州羌族建筑由于受本地区其他民族建筑的影响，已相当多地融入了其他民族的建筑元素，但是仍然与其祖居地的建筑有着一定的联系，因此，说到羌族建筑不能不先说说羌族最具代表性的建筑符号——碉楼。羌族的碉楼既是一部迁徙史、一部战争史，也是一部文化史。它曾是羌族的哨兵，守护着羌族的土地、财产和生命。现在，碉楼守护的是羌族的文化、民俗的延续。羌族这种历经几千年的高超建筑艺术是对人类文明的一大贡献。

　　羌族建筑在中国少数民族建筑中有其自身的独特性。羌族建筑包括碉楼、石砌住宅、板屋、土屋、官寨、聚落、桥梁和栈道等。碉楼见证了羌族的历史，最能代表羌族建筑，展现羌族建筑的风格。

　　在今岷江上游河谷地区仍保留有数量较多的碉楼。关于碉楼的产生有着不同的说法。一种观点认为碉楼的建造跟羌族的宗教信仰有着直接关系。碉楼之高可以把诸神抬举到距天最近的地方，犹如通天云梯、通天之道，并以下宽上窄收分的椎状体投射到天宇之中，那里正是天神、火神和太阳神所在之处。另一种观点认为，西北羌人自汉代沿岷江河谷南下，在这里遇到汉、藏等民族，在岷江这条各民族频繁交汇、活动的大走廊里，战争不可避免，所以才产生了碉楼。这种说法最为人们所认可。

碉楼多建于村寨住房旁，高度在10~30米之间，用以御敌和贮存粮食柴草。碉楼有四角、六角、八角几种形式，有的高达十三四层。碉楼就地取材，以当地的石片和黄泥土浆砌成，冬暖夏凉，简单实用，稳固牢靠。石墙内侧与地面垂直，外侧由下而上稍倾斜。修建时不绘图、不吊线、不靠柱架支撑，全凭高超的技艺与经验。

藏族的民居建筑中也有碉楼，但藏族碉楼多与官寨共生，形体高大，建造严谨。而羌族碉楼多为民间建造，形多类杂，构筑相对粗糙，但生动别致，富于变化，充满民间创造风格。

除此之外，羌族民居还有用石片、黄泥砌成的平顶房，又称"碉房"。一般为三层，下层圈养牲畜、堆草沤粪。中层为堂屋及卧室，大堂中间砌有火塘，平时全家聚会、待客以及祭祀祖先等都在火塘四周举行。上层贮藏粮食、杂物。房顶平台是脱粒、晒粮、做针线活及孩子老人游戏歇息的场地。碉房和碉楼各层都留有两三个窗洞。传统窗口多为斗框形，既做窗户，也做射击孔用，采光不好，烟尘不容易散出。现在的碉房窗口大多已改为大窗户。

碉房里的火塘是值得大书特书的一个地方。

山区的天气就如孩儿的脸，阴晴不定，特别到了秋冬季节，气候潮湿阴冷。于是羌族民居中，火塘就成为一个家庭主要的活动场所。羌族自古以来就习惯在火塘烤火和煮饭。火塘上的火一年365天不熄，即谓火烟不断，人兴财旺。火塘中放有"三脚"，三个脚分别象征"神""人""鬼"，是不能随意搬动的。火塘不仅可以取暖，还用

火塘

屋内的火塘

羌族民居

　　羌族民居可分为石砌碉房、夯土和板屋（干栏式）等形式。石砌碉房是最为人熟知的羌族民居，绝大多数羌民住宅均为此类，夯土民居的建筑形式和特征与石砌碉房大致相同，但采用山上的黄泥土夯筑而成，板屋则是受汉、苗、土家文化影响较深的坡顶民居，采用干栏式木结构，以石墙体作为围护。

于煮饭和烤洋芋、烤红薯、烤馍馍等，因此任何人不能向火塘里吐痰，更不能将脚踏在三脚上。围坐火塘也是有一定规矩的，不能随意乱坐，否则会被视为没规矩、没礼节。

　　山区的人们下地干活、上山拾柴，随时会遇到下雨，但一回到家里，围向火塘，取暖、烘烤衣衫，再冲碗姜汤一喝，顿时浑身暖洋洋，寒气与病魔被驱逐得干干净净。

　　羌族人好客，你若遇到雨雪，走进谁家里都会受到贵宾一样的热情接待，而你所要做的，就是往火塘里添上几根柴或是木炭，以助火旺，意思是给主人"添财"，祝主人家"兴旺""红火"。

　　建筑文化是有地域性的。一个民族所处的自然地理环境与社会文化环境对其建筑起着重要影响，即便是不同民族，由于同样的地理环境与社会环境，其建筑也可能相似或相同；同样，同一个民族也会因为居住环境与社会文化环境不同而在各个方面产生诸多差异。

由于大西南地区众多民族杂居，多种文化相互影响，形成了民族间彼此文化交融渗透的局面。在民居建筑方面，羌寨更是多民族文化相互影响的结果。

贵州羌族生活的地区多民族杂居，处汉、苗、土家等文化的包围之中，经过几

吊脚楼

百年的民族融合，羌寨民居已经极大地融合了当地民居的特点，但同时也保留了本民族建筑的特征。漆树坪的羌寨建筑就是羌族建筑特点与当地其他民族建筑形式相互融合的典范。

漆树坪羌寨的民居多以木材作为建造材料，在形式上既有三合院，

干栏式民居建筑

也有四合院，它们都居于村寨较为开阔平坦的地方。大多数民居则依山地地势，建造起主体格局为一堂屋两厢房的民居，并且有的还向上发展，加至两层或三层，上面为人居住，底层则为牛圈、羊圈等，或者用以堆放杂物。每间房屋檐顶四角或一角常垒有一块白色石头，是羌族供奉的白石神，这种楼层的布局很好地体现了羌族"人在畜上，神在人上"的传统习俗。

和贵州其他山地民族的民居建筑一样，羌寨民居采用的是干栏式。但不同的是，羌寨民居常常会在木质房屋的外围再筑上一道黄泥土坯

老土墙
....................●

围墙上的瞭望孔

的围墙。羌族人在房屋建成后，通常在其朝外一侧离房尺许的地方用黄泥筑墙，厚约 0.45 米，团团围住房屋院坝，只能从院门出入。墙上还开有一些孔洞，便于观察和自卫。神龛和后壁之间辟有巷道，两端有门与两侧卧室相同，如有紧急事，两端住的人可互通情报，以应对突变。也许，羌族先民在历史上形成的防御意识已经深深地根植于这些远离他们祖居地的贵州羌族的心中。

　　漆树坪羌寨为防御敌人入侵，所有住房都互相连接，进入巷道，就像进入迷宫。羌寨先民引山泉修暗沟从寨内房屋地下流过，饮用、消防取水十分方便，全寨内但闻水声叮咚于地底。

● 春耕秋收　冬藏夏猎 ●

　　羌族爱山，而且爱大山高山。山不高不住，在一般人看来望而生畏的高山，却正是他们理想的居住地。在高山之巅、白云之畔，他们日出而作、日落而息，用坚韧的毅力开垦出了一片天地。

　　山区山多地少，马铃薯、红薯、玉米等是主要的农作物。在山坡较平坦处，羌族人开垦出了一片片稻田，层层梯田围绕羌寨，也是一道美丽的风景。一些适宜于山地栽种的经济林木，羌民也有栽种，如梨树、核桃树等。羌族地区地理环境特殊，有丰富的经济作物，如药材、花椒等，深山密林里还出产党参、贝母、羌活等名贵药材。以前，采摘贩卖药材是羌民重要的经济来源。随着社会经济的发展，基于对自然环境的保护，政府已不允许进山采摘药材了。

　　如今，在羌族聚居的江口县桃映乡香炉山顶上，勤劳的羌民开垦出了一片新的天地。从羌寨往上走一刻钟左右，就会看到成片的茶园。茶园占地560亩，抬眼望去，四周层峦叠嶂，黛色山峰延绵至天际。

高山茶园

茶园承包人说他还将继续扩大规模，还说每当自己心情郁闷的时候，就会来到这山顶最高处的茶园，一切烦恼也随之抛到九霄云外。

羌族地区流行着许多农谚，如"破五（农历正月初五）捡石头"，"误了一年春，十年理不抻"，"种地莫要巧，深耕细作好"，"打鱼不在浅滩，麦子不种高山"，"立秋无雨使人忧，地里庄稼一半收"，"春旱不算干，秋旱断炊烟"等。这些农谚总结概括了山区的生产经验和物候知识，是羌族人民在长期的劳作中总结出的生产智慧。

《说文解字》讲到："羌，西戎牧羊人也。"居住在河湟地区的古代羌族是依水草而居的游牧民族，以放牧羊群为主，辅以粗耕农业。后来他们迁移至岷江上游后，开始定居生活，农业逐渐成为主要产业，传统的畜牧业便转变为重要的副业。

羌族地区的畜牧业以养羊、牛、猪为主。根据具体所处区域，不同地方畜养的牲畜会有所区别。靠近汉族地区以养猪为主，靠近藏族地区以养牛为第一位。在贵州农村，很多家庭都养有猪和牛，但是它们担负的使命不一样——猪用来食用，牛则更多的是生产帮手。由于

萝卜猪

羌寨种植的山参开花了

羊群

稻米并不是居于高山之上的羌族的主要生产作物，猪因此比牛具有更为重要的位置。对于羌族家庭来说，养猪不仅可以解决吃肉的问题，用于岁末腌制腊肉，而且还可以出售，增加家里的经济收入。羌寨还流行着这样的谚语：穷不丢猪，富不丢书。

如今闻名贵州的梵净山萝卜猪便是产自江口县桃映乡。萝卜猪具有体形矮小、肉质细嫩的特点，因其体躯丰圆类似萝卜而得名。一直以来，萝卜猪的价格比其他猪的价格每公斤高出 10 至 15 元，具有不错的投资开发价值，江口县正积极地将萝卜猪打造成梵净山区域的名牌产品。也许某一天端上你餐桌的美味猪肉就是来自于高山羌寨原生态饲养的萝卜猪。

羌族人饲养的牲畜里怎么能少了羊呢？漆树坪羌寨的一位胡姓大哥在外乡打拼十几年后，重新回到羌寨开始他人生的新起点——养羊。现在，他喂养了五六十头山羊，每天他最乐意做的事就是在山上放羊，有时还拿出智能手机给小羊们照上几张。胡大哥说："在外面这么多年，还是觉得这里好：空气好、景色好，还能做自己喜欢干的事。"

漆树坪羌寨的茶园与羊是一对最好

羌族猎人

不过的组合。因为茶有特殊气味，所以羊不会吃茶树上的叶子。羊进入茶园既可以吃掉茶园中的杂草，其粪便还可以做茶园的有机肥料。这算得上是羌寨新一景吧。

　　羌族曾经还有一项重要的副业是狩猎。《打猎歌》中唱道："我生来就是打猎的，不是吃人奶而是吃狗奶长大的。我刚满月就像狗一样笑了，我刚满三个月就会像狗一样坐着，刚满七个月就生出对狗牙，满十二岁就梦见了打猎。"歌中充满幽默浪漫的情调，表现了这位自幼与猎狗为伴的天生猎人对狩猎的热爱和着迷。据漆树坪羌寨的老人讲，就在20世纪80年代以前，羌寨也还有人不时去山间打猎，野兔、山鸡都有。随着时代的发展，出于对生态环境的保护，打猎早已被禁止，但是羌族先民的狩猎习俗以及充满神奇色彩的狩猎故事仍旧在老人们的口中继续讲述。

● 美好神圣的年节 ●

　　节庆文化被认为是衡量一个民族人文高度的标杆。贵州民族文化传统节日无疑是"多彩贵州"最靓丽的一抹色彩，是贵州民族文化事象中知名度最高，知识性、观赏性和参与性最强的文化事象。

　　羌族拥有众多的节日，除了春节、清明、端午、中秋等与汉族大致相同外，还有羌年、祭山会、牛王会，以及被称作是羌族妇女节的领歌节等富有民族特色的节日。

祭山会

　　俗话说：逢年过节，热热闹闹。除了热闹，有的节日也体现出仪式的庄严。贵州羌族信仰多神，这在漆树坪胡氏羌族的神龛对联中得到反映："敬天敬地敬

欢乐的羌寨

祖宗，培德培神培子孙。"他们认为一切所在皆有精灵寄托，祖先能保佑子孙昌盛。八月十五要祭天神，这天晚上要在院坝摆上桌子，桌上放粑粑、豆腐、菜等素的祭品，焚香化纸祭祀；五月初五则要祭土地神。

羌族最隆重的民族节日为"祭山会"（又称转山会）和"羌年节"（又称羌历年），分别于春秋两季举行。春季祈祷风调雨顺，秋后则答谢天神赐予的五谷丰登，实际上是一种春祷秋酬的农事活动，却始终充满浓郁的宗教色彩，更折射出远古神秘文化的光辉。

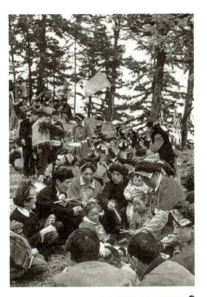

羌族妇女节

举行祭山会的时间各地并不统一，有正月、四月、五月之分，亦有每年举行 1~3 次不等，地点都在村寨附近的"神树林"。祭山程序极为复杂，简单来说，参加者必须是每户的成年男子，有丧事的人家和有产妇的人家不参加。祭祀仪式一般由当地的释比（端公）或者村寨里德高望重之人来主持。祭山会围绕天神塔进行祭祀活动，天神塔高 3~4 米，状如锥形，顶端有一块较大的白石，周围放数块小白石，以象征其民族信仰的各个神位。仪式中念诵还愿词，向天神禀报还愿之意，祈求天神保佑人畜平安、庄稼丰收是主要内容。所献牺牲因各地传说不同、图腾不同而有差异，大致可分为"神羊祭山"、"神牛祭山"和"吊狗祭山"三种。一些地方祭山后还要祭路三天，禁止上山砍柴、割草、挖苗、狩猎等。

祭山会是羌族传统文化中敬畏自然这一观念的一种反映。

羌族还有一个主要为妇女所过的节日：领歌节。每年农历五月初三，

唱山歌

先由村寨里的几个妇女到神林去祭祀女神"莎朗"，向女神请示节日唱什么歌。次日全寨妇女及部分老少，由一位能歌善舞的年长女子领头，大家收拾打扮好，集合列队，载歌载舞挨家挨户去祝贺。祝贺完毕，全寨妇女再集中到空地上欢歌热舞。羌族妇女平时非常辛苦，操持家务，下地劳动，终年忙碌。领歌节期间，她们完全休息，所有的事情都由丈夫和儿子去做。领歌节是真正意义上的羌族妇女节。

蓝天绿树

● 尔玛堡寨的感恩节 ●

羌年

　　羌族最早以太阳历推算年月，一年为十个月，每月36天。秦朝时期，太阳历改为月亮历（即现在的农历）。现在的羌年均以农历推算，每年的十月初一为羌历年。

　　羌年是羌族最为隆重的传统节日，是羌族在粮食归仓后祭祀祖先和神灵，向神还愿、许新愿的重大节日。

　　羌年在羌语中称"日美吉"，翻译过来就是"吉祥欢乐的日子"。它是羌族同胞最为重视的一个节日，就如同为我们所熟知的春节，但不同的是，羌年的时间是在农历的十月初一。这时正是秋天收获之季，秋高羊肥，稻谷飘香，羌族同胞感恩自然与神灵的馈赠，于是向神还愿，祭祀祖先和神灵。因此，羌年原本具有浓郁的宗教色彩。

笑颜

　　羌族中还流传着一个关于过"年"的美丽神话，其主题就是"感恩"。据说在很久很久以前，天神的幺女儿木姐珠爱上了人间的羌族小伙子斗安珠，不顾天条律令，执意下凡和他结婚，一到人间，她就把出嫁时父母赠送的树种、粮种种植在山野田园，把牲畜放入草地，到了秋天，树木成林，五谷丰收，畜禽也生长兴旺，社会繁荣昌盛，大地一片生机。她为了感谢父母恩惠，就在某一天把丰收的果实、粮食、牲畜摆在原野

寨老

祭祀上天，表达心中的感恩之情。此后每一年的那天都要举行相同的仪式，而那天正好是十月初一。同时，天神阿爸木比塔也觉得人们辛苦了一年，在万物归仓之时应该放松欢庆一番，就指点羌人说："你

争吃年糕

举行过羌年仪式的主要场地

们应该过年。"在得到了天神的授意后，羌人就由释比用羊角卜卦和
铁板算推出十月初一是个好日子，就把那天作为新年的开端。

　　几千年时光流逝，虽然历经无数的漂泊迁徙，羌族同胞过羌年的
习俗却一直保留了下来，并且在不同的历史阶段、不同的地理区域里
被赋予了新的内容。今天，如果你去贵州江口县桃映乡漆树坪，那里
的羌族老人还会这样告诉你：漆树坪先民在一场激烈的战争中战败，
为了躲避迫害，他们不得不离乡背井，于是就提前过年，算是最后一
次团聚，而这一天恰好是农历十月初一。这种关于过羌年来历的说法
无据可考，但它反映出远离祖居地的漆树坪羌民对自己民族的一种想
象，他们把流淌在自己血液中的民族情感寄托在羌年中。

　　羌年的仪式主要包括"还愿敬神"和"吃筵席"两个阶段，如果
想充分感受羌年热闹的气氛，那你最好在农历十月初一之前就去羌寨。

还未到十月初一，整个羌寨就罩上了节日的喜庆气氛。不管是在外打工，还是已迁居羌寨之外的羌民都纷纷赶回家，尽可能地加入这一年一次的大聚会中。当然也少不了邻近村寨其他民族的朋友甚至是游客前来。家家户户杀猪宰羊，做粉条、磨豆腐、打糍粑等，要把一年中不常见的美食都集中在这几天做出来。巧手的主妇们用面粉做成各种形状的羊、牛、鸡等祭品，准备着向祖先和神灵表达敬意。各家的门口、羊圈猪圈牛栏上也贴上了红字联。羌年吉祥欢乐的气氛在一点一点地酝酿。

节日的高潮就在十月初一羌年这一天。

首先是设坛祭祀。人们祭祀往往是为了表达对祖先和神灵的敬意，感谢自然的馈赠与祖先的护佑。猪、羊是这场活动中的重要祭祀品，必须精心挑选，用作牺牲的羊一般选择健壮的白色公羊。宰杀前烧香敬拜，并由主持祭祀的人来进行宰杀。而主持祭祀的人往往都是族人中德高望重的老者或族人信得过的人。之后，就在寨中宽敞场坝靠山的一面或堂屋上方设置一张大桌，摆放猪头、羊头、

羊形图案

羌年祭祀

准备筵席

吃筵席庆羌年

香烛等祭品，桌子上方则画一羊形图案。

上午九点，祭祀仪式正式开始。全村羌族男女老少都集中起来，参与祭祀。此时，小孩子们的脸上往往会画上羊形图案，现今这样做，主要是为过羌年增添一种喜庆热闹的色彩。主祭人在人员到齐后，开始点烛烧香、斟酒作揖，口中不断念唱。对很多人来说，是否听得清或听得懂主祭人口中的话已无关紧要，但都明白其意思均为祈求祖先或神灵保佑，希望来年风调雨顺、五谷丰登，家家幸福平安。祭祀过程中，族人要随着主祭人的吆喝鞠躬祭拜，以示对祖先和神灵的虔诚。

场坝中的"公祭"仪式结束后，羌寨中各家还会在下午四点祭拜自家的祖先，这属于私密的家庭聚会，没有外人的加入，让他们重拾关于祖先的记忆。

祭祀结束后，羌寨的男女老少要围在宽敞的场坝中间唱歌跳舞、喝咂酒。舞蹈主要是跳锅庄，即"跳莎朗"。舞蹈的过程中还要不断歌唱，歌词主要表达羌族人民生产生活和男女爱情等内容。喝咂酒在过羌年中必不可少，此时，大家围在一起饮咂酒，既表达了彼此亲密无间的

庆羌年喝咂酒

感情，也意味着羌年祭祀仪式的结束和接下来狂欢庆祝的开始。

　　狂欢之前，当然先要吃饱。人们集中在一户宽敞的人家，摆放好的圆桌与条凳从堂屋一直延伸到院子里，安静地等待着一场筵席的到来。热闹的是那些在后院忙着的女人们。一切准备妥当时，香喷喷的饭菜一一摆上桌来，供大家享用。由于羌年体现出独特的羌族民风民俗，每次过羌年都会有羌寨之外的人慕名前来。因此吃筵席时，除了羌族群众外，还有不少的外来宾客，大家于觥筹交错间交流情感，互祝羌历新年，气氛热闹和谐。

　　篝火晚会，羌年尾声。夜幕降临，羌寨人在场坝中央点燃一堆篝火，乘着酒后余兴，大家或舞或歌，把羌历新年的晚上变成了一场狂欢，热爱跳莎朗的羌族青年男女也真正迎来了属于他们的狂欢。

欢聚一堂

SHENGMING

生命

LVDONG

律动

● 飘在云端的彩云 ●

中华大家庭中各个民族的服饰式
样众多、色彩缤纷，犹如美丽的大花
园。羌族服饰无疑是其中十分绚丽的
一朵花，好似高山之上的彩云，灵动
飘逸。

道光《茂州志·风俗》中记载："其
服饰男毡帽，女编发，以布缠头，冬
夏皆衣毡，妇女能自织。"羌族在其
漫长的社会历史发展过程中，基于其
生存的特殊地理环境和气候条件，逐
渐形成了今天羌族服饰的主流框架。

贵州羌族服饰与其祖居地——四
川西北部岷江上游的羌族服饰有着千
丝万缕的联系，因此，不能不先说说
那里的羌族服饰。

羌族的服装颜色较少，多为红、
蓝、白三色，这三种颜色都与羌族的

生存与历史有直接关系：红色是太阳和火的象征，蓝色是天空的象征，白色是云朵的象征。羌族尚白，除了白色象征纯洁，它还与白石有关，与他们的迁徙历史有关，因此，羌族服饰中白色很常见。

羌族无论男女都缠头帕，青年女子的头帕稍微复杂一点，上面常绣有图案，或者用瓦状的青布叠顶在头上，用两根发辫盘绕作髻。一般冬季包四方头巾，上绣各色图案，春秋季包绣花头帕。衣着不复杂，都是长衫和大裆长裤，长衫有些像旗袍，偏襟右衽，长度过膝，女子的长衫稍长些，几近脚踝。男女均在腰部束上腰带，在小腿处裹上绑腿。秋冬季节，他们就在长衫外套上无袖的羊皮褂子或者坎肩。

男子常在腰带上佩戴一些饰物，如火镰（打火工具，包括一块铁片和一块打火石）和吊刀。女子虽然不会像男子那样佩戴这些东西，但是她们自有打扮自己的方法，除了戴一些银制的头簪、耳环、手镯外，

女子长衫　　　　　　　　　　男子长衫

她们还将自己灵巧的手艺与对美的追求结合在一起。女子长衫的衣领、袖口、对襟处有扎花，尤其在斜襟部嵌有一至三指宽的花纹，称为"大襟花牌子"。这些花纹都是手工制作，纹式多样而色泽艳丽，以黄、红、绿为主。除了中老年人佩戴单色素净的围腰、腰带外，青年女子往往会用花围腰和彩腰带。因此，虽然羌族男女的长衫颜色不多，但是羌族女子用一双巧手，使本民族的服饰文化熠熠生辉。

　　斗转星移，羌族的服饰也在发生着变化，既继承了传统，也在传统的

盛装

羌寨合影

盛装

基础上进行着创新。

20 世纪 70 年代以前，由于条件所限，羌族服饰的色彩远没有今日的绚烂多彩，在穿着上也没有今日的舒适。那时的衣服都是用麻布做成。妇女们用麻线织成麻布，无论是麻线的制作，还是麻布的纺织，工艺都非常的简单和原始。虽然麻布衣服结实，对经常干农活的乡里人来说很实用，但麻布衣服穿上身很重、很冰，且透风，让人觉得不舒服。

随着社会的发展和工艺的进步，羌族同胞开始穿上了棉布衣服。他们常常在集市上买些粗白布回家，手工自然染色后裁剪制成衣服，颜色也开始多起来。

相比传统型服饰，现在的贵州羌族服饰继承了原有的款式和样式，如穿形似旗袍的长衫、戴头帕、束腰带、打绑腿、穿云云鞋等。但也有了一些变化，其中最大的改变是，羊皮褂子成了一个历史文化符号。这与贵州羌族生活环境的变化有着密切关系。相较于祖居地岷江上游的高山，他们如今生活的地方海拔相对要低，气候温暖一些。于是，羊皮褂子逐渐淡出了人们的日常生活，多被布褂所取代。

另外，头上的变化也较大。贵州羌族历史上曾长期处于"逃亡"状态，他们有意淡化一些能识别族别的外在特征，以便更好地进行自我保护。衣服尽量简化，头上的饰物也取消，如不缠头帕了。而在今天，虽然没有了民族歧视，但是为了减少缠头帕过程的繁琐，女子多以事先做好的瓦片状绣花帽子来替代之前在图案和折叠方式都有讲究的头帕，而男子干脆就以绑一根细小布绳于额头代替。贵州的羌族女性喜爱佩戴耳环、项圈、簪子、手镯等银饰，这是吸收了周边一些民族，如苗族和土家族等民族的风俗习惯而形成的。

服饰就如一个人的名片，呈现出这个人的独特风貌。服饰之于一个民族同样如此，羌族服饰就是属于羌族的一张文化名片，它彰显了羌族的历史文化内涵与民族性格特点。

● 记忆的符号 ●

青年女子叠顶瓦状绣花头帕

每一个民族都有反映其民族特征的代表性服饰。羌族在从西北向青藏高原边缘、向西南迁徙的过程中逐渐定居下来。相同的自然地理环境，加上源自同样的古代社会的历史文化基因，形成了羌族服饰中一些固定的文化符号，譬如说头帕、羊皮褂子以及云云鞋等。

头帕　对于头上的装饰，很多少数民族都非常讲究。羌族男女一般都会缠头帕，传统头帕用自制土布织成，长一丈二或二丈四。男子头帕颜色一般为青色或白色，缠法是由右向后再向前缠绕，缠时将头帕叠成五六寸宽，使头帕两端穗头正好在两边鬓角处，向里一掖即可，头顶露在外面。羌族妇女亦喜缠青色、白色头帕，或于头顶置瓦状的青布一叠，然后以两条发辫缠绕其上作髻。一般而言，羌族老年妇女多缠青或白色头帕，年轻女子的头帕则鲜艳多彩，以四方头巾为主，包时头发梳成两辫，左右分盘于头顶。有的头顶瓦状绣花头帕，发辫接深青色丝线做假发盘于头顶。女子们的这种头饰方法，有时也叫做"搭头帕"。戴传统羌族头帕确实非常讲究，其过程无疑于一场仪式。随着时代的发展，人们有时为了方便起见，对头帕的日常穿戴进行了一些改革，即先用细小竹篾做成一个帽壳，再在帽壳的外边缘缠上各色花纹的布，然后在帽壳顶部缝上一块花色头帕。这样，像帽子那样戴起来就方便多了，同时又不失美观。

羊皮褂子　羌族的服饰中最具民族特色的应该算羊皮褂子。羊皮褂子也叫皮褂褂、领褂子，以精选的绵羊皮、山羊皮为主要材料。主要制作工艺和方法是先将生羊皮晒干，用冷水将已晒干的生羊皮浸泡3~6天，等到生羊皮全软后捞起，经过脱水、刮皮、上油、扯踏、揉搓直至干燥柔软等加工程序。加工的目的是使羊皮柔软适度。特别的是，按照羌民的传统习惯，针线活之类的家务事主要由妇女承担，但羊皮褂子却由年长且在家中有一定地位的男子来负责缝制。一件成人羊皮褂子需要两张完整的羊皮料制作，缝制的线一般使用山獐子或鹿皮割成的皮筋线，缝制的主要工具有尺子、剪刀、锥子、皮针、皮线、木锉等，缝制要有较高的技巧，特别是挖领口、开襟边、收腰围、编纽扣等步骤需要具备高超熟练的技艺，否则制作出来的羊皮褂子就会扇领耸肩、翘尾锁腰，既不合身，又不美观，也不经用。羌族的羊皮褂

饰有带毛羊皮边的布褂

羊皮褂子

围腰

子正反两面均可穿用，秋冬季节毛面贴身，以达到保暖御寒之目的。春夏季节则将皮面向外，既防雨，又防晒。在劳动的时候，羊皮褂子是盖肩垫背的好工具，在休息的时候，羊皮褂子又可以用来当坐垫。假如在劳动中困倦了，还可将羊皮褂子铺地当毯子用。总之，羊皮褂子的用途十分广泛，既可防寒、遮雨，又可以垫坐、垫背。从用料上看，羊皮褂子明显体现了游牧民族的传统，充分利用了丰富的皮毛资源。由于地域自然环境的影响，贵州羌族现今穿羊皮褂子的少了，多以布褂代之，但从这些布褂上还是可以看出传统羊皮褂子的一些影子，如特意装饰有带毛的白色羊皮边。

据漆树坪羌寨的一些老人回忆，以前每当人们打歌时，无论男女都穿上羊皮褂子，特别是当打歌进入高潮时，人们纷纷脱下羊皮褂子，将其叠成一团，一边围成圆圈跳舞，一边拍打羊皮褂子。羊皮褂子也许是最能体现羌族民族认同感的服饰之一了，这是他们图腾崇拜的集中体现。

围裙和腰带　围裙和腰带是贵州羌族服饰的重要组成部分。围裙一般是女性的穿着，传统围裙是用土制麻布、棉布裁剪而成，长方形样，中部通常还缝有围兜，可以放些小什物，上端连有一根布绳以作绑系之用。颜色多为黑色。围裙上往往绣有各种各样的花纹图案，年轻妇女的围裙上绣的花纹图案一般比中老年妇女的要更多更艳些，并且都包含丰富的寓意。从某种意义上说，围裙是羌绣工艺的集中体现。

羌族男女穿上长衫之后都要在腰间系上腰带。传统腰带亦多用土制麻布或棉布制成，长约3米，宽约6厘米。系于腰部的腰带在腰侧打结，留出两头自然下飘，故又有飘带之名。男子腰带多为素色，而女子腰带上则往往绣有各种颜色的精美图案、花纹，寓意深刻。人们系上腰带，男子更显英武、精神，女子更显高挑、秀美。为了方便起见，现代女性往往把腰带和围裙连在一起，合二为一了。

裹腿　裹腿又称绑腿，是用来缠绑小腿的布带，其长短、宽度不一。羌族的裹腿有两类，一类用青色或者白色的麻布制成，另一类用羊毛毡子搓制而成。毡子是用牛、羊毛捻线织成的，棕黑色。白麻布裹腿一般夏天使用，透气性较好。而羊毛毡子裹腿大多在秋冬季使用，保暖性较好。裹腿方法一般有两种，一种是直接缠在小腿部，另一种

裹腿

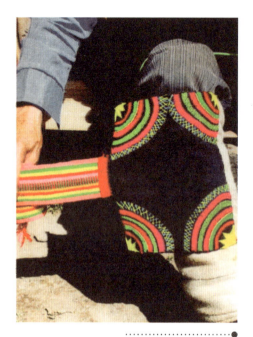

别具一格的裹腿

是缠裹在裤子外面。裹腿是羌族先民从游牧文明到农耕文明过渡的遗留物。将小腿用布缠绕绑缚，更有利于迁徙游荡的生活，裹腿显然是由游牧民族服饰演化而来。

对于生活在高山之上依山而居的贵州羌族来说，裹腿成了一种有效的防护措施。因为贵州山间林木丛生、荆棘遍地，而人们要经常上山劳动，特别是妇女常常要上山割草、打柴，采摘野果、蘑菇等，腿部极容易划伤，也容易遭到虫蛇的叮咬，裹上绑腿便可起到比裤子还好的防护作用。同时，在冬季裹上绑腿还有防寒的作用。这些是裹腿的实际功用，除此之外，心灵手巧的羌族女子另外赋予其审美之用，她们在上面刺绣各种精美的图案花纹，把它作为展示自己刺绣技艺的装饰品。

云云鞋　最能体现羌族服饰文化的非"云云鞋"莫属。它其实就是一种手工布鞋，羌族人只在一些重要的日子里才穿，比如结婚或者过羌年等节庆里。羌族男鞋称"云云鞋"，女鞋称"尖尖鞋"或"绣花鞋"，男性"云云鞋"上绣云纹，多配蓝白底色。今天，人们将羌族刺绣的布鞋都统称为"云云鞋"。早期的鞋子用獐子皮或麂子皮剪成云朵状，后来用花布代替，现在多用彩线绣成，寓意希望男性脚程快，如行走在云朵上。据传说，云云鞋是当年大禹治水时其妻

云云鞋花纹

为他所做。传说归传说，云云鞋的制作穿戴由来已久，已成为羌族的重要标志之一。女性"尖尖鞋"的纹样主要以植物纹、花朵纹为主，还有一些几何纹样。

着云云鞋

云云鞋的制作比较复杂，多用碎布、棕、笋衣做底，用麻绳一针一线缝制，针脚相当密集，使鞋底厚实耐穿，再用布料制成鞋帮，在鞋面上绣满极富浪漫色彩的云纹，一双精美的布鞋便做成了。当然，只要喜欢，还可以在鞋尖部结一个红缨，以及根据不同的对象绣上相应的花纹。女鞋的绣花图案有五十多种，花卉居多，有杜鹃花、桃花、苹果花等；男鞋就绣云纹、几何形等；小孩鞋上大多绣猪、兔、鸟、狗、蝴蝶等动物图案；老人鞋则多绣有福、寿、喜之类的吉祥图案。

　　关于云云鞋，还有一个传说。传说羌族先民迁到岷江上游，遇到当地戈基人的抵制。羌人屡战屡败，后来收到天神的启示，蹬云云鞋驾云奔逃，并用白石和棍棒反攻，终于打败了用麻秆和雪团做武器的戈基人。总之，在羌族的传统观念里，云云鞋是吉祥鞋，也是青年男女爱情的信物，恋人间的深情厚谊全寄寓在了云云鞋中，正如羌族民歌里所唱的："我送阿哥一双云云鞋，阿哥穿上爱不爱？鞋是阿妹亲手绣，摇钱树儿换不来；我送阿哥一双云云鞋，阿哥不用藏起来；大路小路你尽管走，只要莫把妹忘怀。""听说情哥要远行唉，阿妹心中难舍分哟；送哥一双云云鞋哈，腾云驾雾快回来呀。"

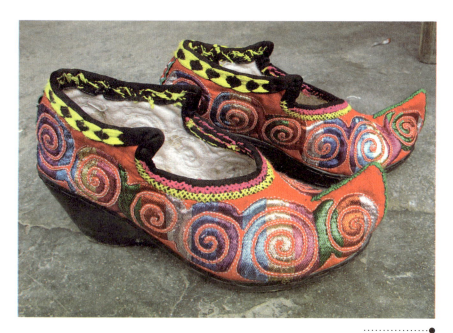

云云鞋

● 云朵上绽放的羌绣 ●

羌族是一个崇尚美的民族。这种对美的崇尚集中体现在羌族刺绣上。

羌绣色彩鲜艳，图案精美，不但显示了羌族妇女的聪明才智，更表达了羌族人民崇尚美的愿望。历经千年的传承和发展，羌绣浓缩了历史的精华，吸纳了自然的灵秀，从而形成了风格独特的绣中精品，成为中华刺绣工艺中一朵美丽的花。

羌族民间对羌绣有这样一种传说：三国以前，羌族妇女能征善战，孔明派姜维到汶山，屡被羌族女将打败，后来孔明就用符箓织成挑花围腰，送给羌族妇女。她们争相效仿，挑花围腰就此流传开来。谁知，围腰上孔明画的符把羌族妇女的心给迷住了，从此，羌族妇女便不会打仗，只知挑花刺绣。传说固不可信，但剥开这个传说的神秘外衣，我们可以看出，原来羌族的挑花刺绣艺术最初是由汉区传入的。但是，这种挑花艺术已长期在羌族人民中生根，经过生活的实践和提炼，既

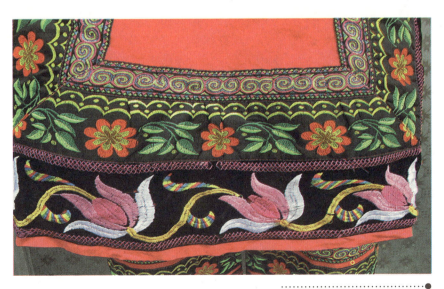

羌族服饰上的美丽花边

心灵手巧的羌族姑娘

羌绣腰带

汲取了汉族挑花刺绣的基本针法，又继承了古羌文化的传统，它的构图、纹彩，早已具有羌族的民族风格和特色，成了羌族独特的艺术珍品。

　　挑花刺绣是羌族最主要的服饰图案制作工艺。挑花刺绣分为"挑"和"绣"，针法多样，主要有挑绣、纳花绣、纤花绣、提花、拼花、勾花和手绣等。其中，挑绣是羌族妇女最喜爱的表现手法。挑绣也叫十字绣，是严格按布料的经纬纹路，通过一套严密的针法绣出等距离、等长度的十字形图案，挑绣成的各种花纹，具有规整、对称、棱角鲜明等特征。这种方法使一切自然物都按十字形直角直线构成，形成独特的几何变形风格，别生异趣。

　　羌族妇女刺绣时，一般既不打样，也不画线、绘图，仅以五色丝线或棉线，全凭娴熟的技巧，信手绣成具有民族特色、绚丽多彩的各种几何图案、自然纹样或花卉麟毛，栩栩如生。她们将对自然的感知与对生活的美好憧憬寄寓在各种图案中，如牡丹象征富贵，瓜果、粮食象征丰收，鸟巢象征喜庆，狮、猪象征欢乐，鱼、龙象征吉祥等。服饰的中心纹样"团团花"为圆形组合，升子印为方形组合，一颗印为窄边纹样组合，火盆花为宽边大方形团花。角花与边花纹样，有长条形的吊吊花、灯笼花、方格子、万字格、八瓣花、缸钵边、牙签子、树丫子、飞蛾子、合合花等，对中间的团花起陪衬作用。羌族妇女根据物件的使用者来选择刺绣图样。如给老人用的，多选用福、禄、寿之类的图案装饰，祝愿老人健康长寿；给小孩子用的，多选用辟邪图案，以保佑其健康成长，或者用花朵图案，也是寓意茁壮成长。年轻的阿妹子绣的烟荷包，是送给她的情哥哥的礼品，烟荷包上绣的两种图案，一种是鸳鸯戏水，另一种是比翼双飞。这两种绣花图案寓意着男女双方恩爱，白头偕老，正所谓情在荷包中。

服饰作为一种文化形态，贯穿了一个民族各时期的历史，然而图案作为一种符号，则诠释着一个民族的变迁、发展以及对神的崇拜和对美的追求。

如今，羌绣已成为羌族服饰中的重要组成部分。无论是腰带、衣裙、围腰、鞋子，或是头帕、袖口、衣襟甚至袜子、鞋垫上都随处可见。羌绣的图案装饰性很强，不仅起到美观的作用，而且借助那密密麻麻的针脚增强了衣物易磨损处的耐磨度，延长了使用寿命，因此又具有实用价值。

羌族女子往往从小就要在长辈的言传身教下勤学苦练绣花。母亲在女儿六七岁时，便开始教其学刺绣。待女儿出嫁时，大都已是飞针走线、刺龙绣凤的高手。男人相亲说对象，首先一条，就要看女子会不会绣花。女子出嫁之时也是集中展示其刺绣技艺之时，新娘在出嫁前夕都会倾尽全力绣出最漂亮的嫁衣、最好的云云鞋和最好的鞋垫。

● 绿色的高级饮料 ●

一个民族的饮食习俗与他们所处地域的地理环境、气候条件、作物栽培、产量高低等有着密切联系，俗话说：靠山吃山，临水饮水。漆树坪羌族的饮食习俗深受当地其他民族的影响，绝大多数习惯已与当地其他民族基本一样。但是，他们也保持了一些本民族的饮食习惯。

喝咂酒如今是羌族最具特色的饮食习俗。今天羌寨的人们也喝白酒、啤酒以及各种饮料，咂酒则主要在逢年过节时饮用。喝咂酒这一习俗在我国南方的一些少数民族，如土家族、彝族、苗族中都有存在，但是以羌族体现得最为突出。

咂酒酿造原料主要选用本地出产的高粱、玉米、大米、糯米等，因此，咂酒也被称为绿色的高级饮料。制作时把洗净的粮食装入蒸笼中蒸熟，再用簸箕搬到堂屋，用竹耙拨平。等酒料晾温后，撒上酒曲和匀后封于土制坛子中，六七天后即可起封饮用。

咂酒是粮食酒，酒含于粮食酒料之中，需加水稀释后方可饮用。喝咂酒不能只顾喝，而要边喝边加开水，目的是用开水将谷物颗粒内的酒精成分充分浸出。倒进去的水浮在上面，经过浸泡后的酒沉到坛底，

咂酒

共饮咂酒

吸管（多用竹竿、麦秆等做成）直插坛底。咂酒是逐渐从酒坛内酒糟的上部往底部喝，味美香醇、富含营养，比白酒温和，微酸，有解渴止饥、除乏驱寒、去暑消食的功能。

　　按照羌族的民间习惯，喝咂酒时有较为严格的规矩和仪式，例如家族或家庭中咂酒起封，必须长辈先饮，然后按辈分高低依次饮用，平辈者可同时饮用。族长或德高望重的长辈在喝咂酒之前，还要以歌唱或朗诵的方式作祝酒词。如果咂酒是用于招待远方来客的，要请客人先喝，客人在喝咂酒之前也要表达感谢之意，否则失礼，会得罪主人家。由此可见，咂酒也能充分体现出羌族的饮食文化。

　　咂酒是集体饮酒形式，大家在一起同饮咂酒意味着感情上亲密无间。这种饮酒方式是人类原始饮酒方式的遗存——咂饮。在羌族民间古诗《日主耶》中，记述有羌族人酿造咂酒的过程，从中可知，羌族的先民至少在一千多年前就发明了咂酒。

咂酒已成为羌族各种礼俗中不可或缺的媒介物，是一种具有礼仪规范的载体，其礼仪性功能远远超过了饮用功能。羌族人每次饮咂酒都有开坛仪式，都要敬神，这种古代祭祀仪式的遗存使得咂酒成为一种连接人与神的中介物。羌族人以酒敬神，认为神人共饮，酒里就会含有神的力量，人喝完以后就会感到身心愉悦。之所以咂酒由老人先喝，就是因为羌族人认为老人能通神，是离神最近的人，他们能消除神力中的压力，然后再由年轻人喝，吸收神力。羌族人称小孩为鬼娃，认为小孩还未成人，介于人鬼之间，阳气不足，不能直接喝敬过神的咂酒，只有等大人吸收了绝大部分神力后，小孩才能接受余下的神力。

咂酒体现了羌族人民团结互助、坦诚善良的人生观。它所体现的深刻的社会意义在于：大家聚在一起，围着酒坛喝咂酒，没有高低贵贱之分，人人平等，心理得到了很大的满足。通过这样的饮酒仪式可以调节社会关系，促进友谊，拉近人与人之间的距离，民族内部的凝聚力得以加强，民族之间的关系得以融洽。据了解，以前羌族各部落、家族、村寨之间发生冲突时，有过错的一方必须背上一坛咂酒到对方家去承认错误，届时双方围坛饮酒，边喝边剖析自己的过错，摒弃前嫌，最后达成共识。矛盾通过酒这种媒介而得以解决，因而羌族人中有"烟散气、酒结情"之说。

远眺羌寨

● 羌寨腊肉香 ●

烤腊肉

　　羌族是热情好客的民族,如来客人,桌上一定要有肉,否则不成席。但是,羌寨往往在高山之上,生活多有不便之处。一般情况下,羌族只有在隆重的节庆才杀猪宰羊,平常遇到特殊日子则是杀鸡宰鸭。除非款待稀客贵客,否则很少打牲。平常要吃猪肉怎么办?羌族同胞用一个方法就很好地解决了这个问题。

　　腊肉,是羌族地区名气最响也最受欢迎的肉食菜肴。羌族先民是从什么时候开始养猪,并以猪肉为主要肉食来源的呢?要知道,羌族先民曾经是以畜牧为主,主要食牛羊肉。说起这一点,还与汉族有一定关系。描写羌族先民从西北迁入岷江流域的著名史诗《羌戈大战》开篇记述到:"远古岷山多草原,草原一片连一片。牛群羊群多兴旺,

羌腊肉

羌族儿女乐无边。"由此可见，刚刚来到岷江流域的羌族，仍沿袭着他们在西北放牧的习俗，以羊牛为主。接下来，史诗记述了羌族首领派人到"夷多"，即今天的成都，学习养猪技术并领回种猪的过程，这极有可能是今岷江地区羌族养猪业的开始："派人夷多去买猪，沿途路遥很艰险；阿巴白苟派合巴，夷多地方把猪赶。大儿合巴基，往返一月半；夷多肥猪赶回了，大小一共五十三。"对于从成都购回种猪的用处，史诗也清晰地作了交代："大猪有千斤，用来祭上天；小猪送到各村寨，要在羌地把种传。"

正如羌族人民在羌绣中吸纳了汉族刺绣技法并将之创新一样，羌族也因地制宜地将猪的食用方法加以创新，从而腌制出外表金黄、味美醇香的羌腊肉。

羌民在每年冬天，一般是在羌年农历十月初一至春节前杀年猪，猪肉不出售，主要用于腌制腊肉。羌民将杀好的猪掏去内脏后，切下猪头和四只脚，从猪颈部往下纵向剖成三块，中间一块叫"背柳"，两边的两块叫"扇子"。再划成条状，抹上盐及其他一些香料后，挂在火塘或者厨房灶台的上方。经过一些日子的

可口的羌寨腊肉

烟熏火燎之后，鲜猪肉变成了美味的肉干，留待来年待客、送礼和自家食用。走进民居，哪家的肉干多，哪家的生活就最富足，一目了然。屋梁下一块块熏得发黑的腊肉，也成为羌寨民居中一道别样的风景。

打糍粑

羌族的饮食习俗随着居住地的不同而存在着一定的差异，但是由于羌族大都居住在高山上，因此他们的饮食具有较为鲜明的山地特色。羌族的居住地山高坡陡，石多土薄，玉米、马铃薯是主要作物，日常生活中的菜式也以玉米、马铃薯为主。

羌族逢年过节时最普遍的食物是扣肉和糍粑。扣肉是用新鲜的五花肉煎炸，然后切成薄片，与盐菜（一种用青菜腌制而成的干菜）一起蒸制而成。糍粑一般只有在过羌年或者春节时才做，用新收获的糯米做成。在越来越多的食物用机器来做的今天，手工一槌一槌在碓中捣成的糍粑实属难得。

羌族的居住环境让他们近水楼台先得月，能够很容易地获得许多绿色天然的食物，譬如折耳根、蕨菜、竹笋、荠菜等。蕨菜营养价值丰富，除含蛋白质、钙、磷、铁等多种微量元素外还含有多种氨基酸，堪称绿色"营养品"。

羌寨的美味只等你来品尝！

SHENGSHENG
生生
BUXI 不息

● 灵 动 的 羌 舞 ●

　　羌族能歌善舞,民间的说法是"没
有歌不行,没有舞不行"。

　　羌族舞蹈保留着原始乐舞粗犷、
古朴的风格,大多在宗教祭祀活动及
节日中进行,舞者既通过舞蹈取悦祖
先神灵,又得以自娱自乐。舞蹈动作
与歌词内容没有直接的联系,多数舞
蹈是用歌来引导舞步的循环往复,节
奏的强弱起落同舞蹈节奏起落协调一
致。一般来说,羌族舞蹈按其形式和
功能可以分为自娱性、祭祀性、礼俗
性这三种类型,但从活动的目的性看,
许多形式都带有祭祀神灵,祈福禳灾
的含义。羌族舞蹈主要有"跳莎朗"
(羌族锅庄舞)、"跳盔甲"(又名"铠
甲舞")、"跳皮鼓"、"兰干寿"等。

羌族民间舞蹈多与民俗活动相结合，保持着最初始状态的文化特征。舞蹈中一般无乐器伴奏，通常为群体牵手围圈载歌载舞，以呼喊声、踏地声协调表演。动作没有严格的规范，比较自由，形式古拙，风格质朴，生活气息浓郁。羌族民间舞蹈基本上是集体表演的形式，参加者人数不限，围着火塘或在院内围成圆圈手牵手跳舞。由于舞蹈多是手牵手围着火塘进行的，形式上近似藏族的"锅庄"，所以人们就把欢快的"莎朗"称作"喜事锅庄"，把在丧事活动中进行的"席步蹴"等形式称作"忧事锅庄"。

羌族长年生活在特定的高原环境，人们为了适应山地环境所采用的劳动方式和行动往来的体态，逐渐升华为羌族民间舞蹈的风格特点，"顺边美"成为羌族舞蹈的主要风格特征。羌族舞蹈多是牵手起舞，所以手臂动作较少，腿部动作较多，小腿灵活、敏捷，并形成了"躯体的轴向后转动韵律和上身倾斜转动的拧倾韵律"。这种舞蹈的动律是随舞者重心的移动，胯向两侧斜前方顶出形成，重心在出胯一侧的腿上，膝部微屈、相靠，腰胯以上至肩部作轴向的环动，上身微拧倾，从而形成"S"型的优美体态。这种别致的动态和韵律——羌族特有的"顺边美"，贯穿于所有的舞蹈形式之中，尤其以"莎朗"表现得最为突出。

不同节日或礼俗活动有相应的舞蹈和歌曲，歌曲的名称即该段舞蹈的名称。舞蹈组合虽因曲而异，但基本动作大体相同，一曲一舞，不断反复，舞毕又换新曲，直至尽兴。所用歌曲旋律优美、节奏明快，歌词简明通俗，易于演唱和记忆。每段舞蹈的起步和结束步有严谨的规范要求，中间部分舞者则可自由变化，使所有参加者都能尽情发挥。

"跳莎朗"是羌族最喜爱的民间舞蹈形式。"莎朗"有"唱起来，摇起来"之意，是一种古老的自娱性舞蹈，男女老幼均可参加。"莎朗"音乐曲调欢快、流畅，节奏跳跃、明朗。该舞在室内外皆可进行，男前女后，不限人数，围火塘或场院一圈，不封口，逆时针边歌边舞。舞至高潮时，男子叫声"吓喂"，女子应和"哟喂"，一曲就此结束，接着再变换新的舞曲和步伐。由于"莎朗"属于自娱性舞蹈，群众性、集体性强，因此在羌族一些重大节日中都会出现。舞与歌相连，其中《莎

跳莎朗

朗舞曲》在羌族乐曲中最为著名，是羌族音乐的代表性作品。这些曲子音域宽广、声音粗犷、旋律优美、感情奔放、雄壮有力，具有鲜明的民族特色，是羌族民俗不可分割的一部分，也是最为生动的一部分，充分展现了羌族人的精神面貌。

"莎朗姐姐"罗娅

"游人来家乡，羌族的姑娘小伙会邀请你跳舞，大家一起喝咂酒、唱山歌、吹唢呐，逍遥自在，如痴如醉。"在多彩贵州旅游形象大使的舞蹈大赛中，羌族姑娘罗娅表演的舞蹈《莎朗家乡》带观众走进了她的家乡——美丽的羌寨。在羌族，只有能歌善舞的人才能被选做"莎朗姐姐"，因为她要担负起传播羌族传统舞蹈音乐的责任。在罗娅的家乡漆树坪羌寨两百余名羌族人眼里，罗娅是一名合格的"莎朗姐姐"，是羌族文化的传播者。"贵州羌族属于南羌族，与其他的羌族一样，崇拜自然万物，唯一不同的是更多点柔美，这与贵州山清水秀的自然条件不无关系。所以说我们贵州的羌族男儿像山一样豪迈，姑娘像水一样柔美。"谈到自己的民族，罗娅毫不吝啬赞美的话语。这位现在文化部门工作的羌族女子平日里的最爱便是钻研羌族各种舞蹈，她说："我希望能教更多的人跳莎朗舞，去领略羌族独特的民族风情。"

在节日夜晚，人们将酒坛置于篝火旁，围着火堆"跳莎朗"，通宵达旦，不时还离队到酒坛旁喝咂酒。酒娱节庆，酒伴歌舞，这已经成为羌族风情的特点之一。来自羌寨之外的客人们无不深深地沉醉其中，爱上这"云朵上的民族"。

● 羌笛、唢呐送羌韵 ●

　　羌族的乐器有多种：羌笛、口弦、唢呐、脚盆鼓、羊皮鼓、锣、响盘、指铃、肩铃等。众多乐器中，首推羌笛最为著名。羌笛最早起源于何时不得而知，但在汉代应劭的《风俗通》里就有羌笛的记载，羌笛的历史可谓深长久远。当然，羌笛能够声名远播、久享盛誉，与唐初著名诗人王之涣的千古绝唱《凉州词》不无关系：

　　　　黄河远上白云间，

　　　　一片孤城万仞山。

　　　　羌笛何须怨杨柳，

　　　　春风不度玉门关。

　　相传，羌笛是秦汉时期西北高原的游牧古羌人所发明的吹奏乐器。古羌人主要居住于畜牧文化形成之地，竹子稀少，所以最初的羌笛是用羊腿骨或鸟腿骨制成。古羌人用以吹奏自娱，又作为策马赶牛羊的工具，民间又称为"吹鞭"。至汉后期，羌笛有了重大发展，形成五个按孔的吹管乐器，用油竹制成。梵净山区域树林茂密，竹子非常多，生长于此的油竹（苦竹）非常适宜制作笛子。经过羌族人民的不断改良，流行的羌笛发展成为六声阶的双管竖笛，两管用细线并排捆紧，将竹簧插在管头，笛身似方筷。

　　羌笛音色明亮柔和，哀怨婉转，悠扬抒情。流传至今最古老的曲牌为《折杨柳》《落梅花》。《折杨柳》相对要有名一些，除了"羌笛何须怨杨

羌笛

柳"，李白在《春夜洛城闻笛》中也说"此夜曲中闻折柳，何人不起故园情"。诗中的"折柳""杨柳"都是指的这首曲子。它凄凉、幽怨、哀伤、浓厚的思乡意境也许和古羌人尚武、多灾多难有所关联吧。有战争就有死伤，有迁徙就有贫病别离，是当时的社会现实造就了羌笛的曲风。千百年来羌笛伴随着尚武的羌族，见证民族兴衰，成为羌族凄苦征战、迁徙思乡、寄托情思的最佳乐器。所以两千多年来，羌笛那哀怨的曲调就好像在倾诉着羌族那沧桑而悲壮的伟大历史。

羌笛名气大，唢呐却是羌寨最为常见的乐器，是羌寨人结婚嫁娶等仪式中不可少的伴奏乐器。在羌寨，一个人最少要经历两次唢呐吹奏：一次是迎接新生命来到人间，另一次是娶妻或出嫁。

唢呐是我国民间一种非常普通的乐器，但是羌寨的唢呐与一般的唢呐有所不同，普通的唢呐铜盘子比较细而且短，喇叭口小，羌族的唢呐铜盘子较长且喇叭口大，通常羌族的唢呐都有七个孔，普通唢呐则是六个孔。据唢呐艺人胡云开老人说，这种唢呐不但难吹而且很难吹好，特别是平音，要七个手指头密切配合，并且都用劲才能吹出好声调，没有一定的功力是不可能吹出动听旋律的。吹唢呐的人也叫"吹手"，一般为两人，有上手和下手之分，下手是上手的配角。羌族借唢呐声表达心中的欢乐情绪，同时用班锣、手铃、羊皮鼓三件乐器伴奏，敲击出热烈紧张的气氛。这样，一个唢呐班子就得五人组成，合称"吹鼓手"。

唢呐深厚的文化内涵，不仅表现在民间音乐的特殊性上，而且表现在其内容的延伸上。唢呐曲是极为丰富而又复杂的，所有唢呐曲中又分"喜调"和"忧调"两种，就如同舞蹈中有"喜事锅庄"与"忧事锅庄"一样。唢呐曲中有喜怒哀乐，也有悲欢离合，丰富多彩。忧事以《孤苦伶仃》为主韵，喜事则以《得胜令》为主旋律。《得胜令》韵味十足，最讲铺排。从元曲中已有此曲名推测，它是一种军乐，表现万马奔腾的战争场面。紧张时，吹奏者腮帮子鼓起两个大包，眼睛瞪得铜铃般大，前仰头后俯身，左摇右晃，脚下踏着急促的拍子，一口气吹个不停，似乎整个世界唯有一曲唢呐音乐，亦忘了自己的存在；舒缓时，如万籁俱寂，空山无物，吹奏者的两腮稍鼓即陷，呈扁平状，平平稳稳，眼睛渐渐眯成一条线，近乎进入一种休眠状态，一种相对静止的状态，也表现出了羌族人对生活的无限憧憬。

　　经过历代艺人不断发展传承至今，羌族唢呐以其独特的曲牌体系、广泛的民间应用和浓郁的地方风格，成为梵净山地区民族民间音乐中

吹唢呐的老艺人
....●

一个独特的原生态乐种。

过羌年时，羌寨的人们在场坝中升起一堆大火，穿着民族服饰，围着篝火转圈子，载歌载舞，尽情欢乐。每当此时，唢呐艺人心情也会格外激动，总会拿起他们那一大一小两个唢呐，吹着旋律优美的曲子加入到欢乐的人群中，尽情欢歌，通宵达旦。唢呐声声，把羌族的美好生活表达得淋漓尽致，羌族小伙和美丽的姑娘则会陶醉在那婉转高亢、曲调悠扬的唢呐曲子中，随着一曲又一曲的唢呐声憧憬着美好的生活和未来。

说起羌寨唢呐艺人胡云开，几乎无人不知。他是江口县十大优秀民间艺人之一，今年已 90 高龄。吹唢呐对老人来说，已不再是单纯的为谋生了，更有自娱或群体娱乐的成分在内。过羌年时，胡云开老人激昂而富有节奏的唢呐声往往将羌寨人的节日热情推向高潮。

多少年来，唢呐匠胡云开自己也记不清吹坏了多少个唢呐，给多少人家吹了多少首曲子，吹了多少回人生的喜与悲。2006 年 4 月，"吹手"代表胡云开报名参加了"多彩贵州旅游形象大使大赛"江口海选赛，他十多分钟不换气，一口气吹出了《伴嫁歌》《耕地歌》《打场歌》《砍柴歌》等八首曲子，赢得了在场观众的阵阵喝彩，掌声、鲜花和欢呼声让这位民间老艺人流下了激动的泪水……

随着新社会民间艺人地位的逐步提高，部分唢呐艺人不再为谋生而演奏，唢呐曲牌也得到了相应改造，欢快明朗、昂扬奋进者成了主流。每逢喜事，"吹手"总是披红挂彩，抬头挺胸，一曲曲唢呐吹奏起来，天在动、地在摇，群山起回声，万壑争相和，旋乾转坤，空气微颤，添得几许温馨。

可喜的是，中共江口县委、江口县政府非常重视这项民间技艺的传承，已将这一门面临失传的技艺进行保护，打造属于羌族的文化品牌，助推旅游发展。如今，羌寨在发展，唢呐匠拿起了那曾蒙上了灰尘的两把唢呐，认认真真地传授给羌族年轻一辈。

● 不朽的诗篇 ●

　　羌族在历经几千年的发展过程中不断创造和保持着优秀的民族传统文化，同时还吸收着其他民族的文化优长，也给予其他民族以某些文化的影响，从而使羌族文化在中华文化大家庭中不可或缺。

　　羌族没有文字，传统精神与历史文化主要靠口口相传。据说，很早以前，羌族是拥有自己文字的民族。当时已十分年迈的祖师爷花费了极大的心血把从天神那里得来的各种经文和有关人间衣食住行的所有学问记录并保存在一卷卷桦树皮上，准备传给羌族的后代。这一年的春天，祖师爷生怕这些桦树皮经卷受潮，便拿出来放在外面的山坡上晾晒。不知何时跑来一只山羊，把所有的桦树皮经卷统统嚼吃饱餐后逃遁而去。从此以后，羌族就没有了文字。

宛若仙境

羌族的语言属汉藏语系藏缅语族羌语支，但是贵州羌族由于长期和汉族交往，羌语早已消失，现在完全通用汉语。

羌族的口头文学内容丰富，其形式既有神话、传说、故事，也有诗歌、寓言、童谣，且富于想象和浪漫主义色彩，题材也十分广泛。

羊皮鼓

《木姐珠与斗安珠》

羌族悠久的历史与深厚的文化首先被寄寓在了史诗和神话叙事长诗中。史诗《羌戈大战》和神话叙事长诗《木姐珠与斗安珠》是其中影响最大的作品。

《羌戈大战》叙述了羌族先民迁到岷江上游后与早已在此定居的戈基人战争的故事，史诗长达六百余行，分"序歌""羊皮鼓的来源""大雪山的来源""羌戈相遇""找寻神牛""羌戈大战""重建家园"七个部分，从中我们能窥见羌族久远的历史（前面已有介绍）。

神话叙事长诗《木姐珠与斗安珠》描述了羌族青年与仙女恋爱的故事。大意是：天神聪明美丽的三女儿木姐珠私自下凡，爱上了勤劳、善良、诚实、勇敢的羌族牧童斗安珠。天神知道后大怒，准备害死斗安珠。勇敢的斗安珠在聪明的木姐珠的帮助下，三破天神出的难题，终于获得了天神的允诺，与木姐珠结为夫妻。他俩离开天庭后双双来到羌族村寨，用勤劳的双手修建房屋、开荒种地，过上了幸福美满的生活。下面是《木姐珠与斗安珠·创造幸福》中的一节：

我要用手把人间容貌改，我要用心血把大地浇灌。

我要叫山山水水听人话，我要把人神界限全改变。

喜鹊筑巢辛勤衔百草，蚂蚁打洞群力日夜忙。

木姐珠和斗安珠，为幸福哪怕汗水淌。

石砌楼房根基稳，三块白石供房顶。

中间一层人居住，房脚下面住畜禽。

山坡地高种青稞，河坝地沃种玉米。

高山牧草发茂盛，正好养马放牛羊。

从此羌人学会种庄稼，牛羊成群放满山。

广袤平原尽羌属，子孙繁衍大发展。

金秋带来了丰收的喜悦，漫山遍野滚动着金浪。

青稞小麦结籽累累，禽畜成群一片兴旺景象。

通过史诗，我们得以了解羌族的历史与传统文化，而通过羌族的民间歌谣，我们可以了解到他们的日常生活与喜怒哀乐。这些歌谣有的悠扬优美，有的高亢嘹亮，有的活泼诙谐，有的缠绵婉转，十分动人。其中以习俗歌最具代表性。就婚歌来说，有《哭嫁歌》《伴嫁歌》等，《伴嫁歌》这样唱道：

堂屋中间点红灯，手拿梳子请媒人。

媒人请到当中坐，开口媒人讨细针。

讨得细针要细线，做起鞋子谢媒人。

我歌只唱这点上，哪位贵客又接声。

另外，还有《盘歌》，所谓"盘歌"即是以对唱的形式来演唱，歌词往往极富民间智慧。

问：什么开花黄平平？什么开花好爱人？

什么开花红了脸？什么开花黑良心？

什么开花成双对？什么开花打单身？

答：油菜花开黄平平，牡丹开花好爱人。

豌豆开花红了脸，胡豆开花黑良心。

豇豆开花成双对，茄子开花打单身。

传唱在羌寨的《赌钱歌》在当下社会可以说特别有警示意义，其主要内容就是赌钱有害，劝人不要赌钱，歌词从正月唱到腊月，历数赌钱是怎样毁掉了一个家庭。

正月赌钱是新年，提起钱包去赌钱，

钱拿放在桌子上，约起朋友来赌钱。

二月赌钱油菜黄，妻子骂我不成行，

百般行业你不学，专门学做赌钱郎。

三月赌钱是清明，提起白纸去上坟，

人家坟上飘白纸，赌家坟上草生青。

四月赌钱插秧忙，抬起犁耙去田上，

牯牛甩在田坎上，田坎脚下赌一场。

……

冬月赌钱雪飞天，赌钱之人穿得单，

全身骨头冷麻了，碗碗还在喊十三。

腊月赌钱完一年，上卖妻子下卖田，

屋基水井卖完了，叫子叫孙莫赌钱。

● 杜鹃花绽放之时 ●

羌族的《婚礼歌》这样唱道："自古男女皆婚配，此制本是木姐兴，所有规矩她制定，后人不得有增减。一代一代传下来，祖先古规须遵行。"传说阿爸木比塔造人后，看到人间胡乱婚配很生气，便叫俄巴巴瑟女神专管人间的婚配大事。俄巴巴瑟的哥哥是专管人间投生之事的大神，在他的帮助下，俄巴巴瑟把投生凡间的男女在天庭时便配好对。俄巴巴瑟住在神界与人界交界的杜

迎亲中常用的乐器

鹃花丛中，她从天庭带来许多羊角，让每个投生人间的人男左女右各取一只羊角，采一束杜鹃花下山投生。于是到人间投生的人，不论天涯海角，总要配双成对，结为夫妻。

虽然只是一个传说，但是它反映出羌族人对美好爱情婚姻的向往。今天羌族青年男女的婚姻早已走出"包办"的形式，完全是"我的婚事我做主"。不过，步入婚姻的殿堂时仍旧需要举行仪式。只是其中的"相亲""订婚""讨年庚"等过程已经随着社会的发展而逐渐舍弃了，但"出嫁""迎娶"的环节却少不了。

出嫁　在准备结婚三天前，男方派媒人将商量好的礼物（肉、酒、衣、物、钱等）送至女方家，即"过礼"。女方家则准备女儿出阁的花园酒。出嫁的前三天，请羌族村寨中夫妻健在、儿女双全的妇女用

灰色线将姑娘脸上的汗毛绞净，修眉为新月状，将长辫挽成髻。出嫁仪式主要有哭嫁、唱伴嫁歌、花园酒等。哭嫁是以歌代哭，现仍盛行，多在花园酒的头一天晚上至鸡鸣时分，由姑娘的母亲"开哭"，用歌声教育女儿出嫁后要孝顺公婆、尊敬丈夫、团结邻里亲友、勤俭持家，并诉母女离别之情等。接着是姑娘哭父母、叔伯、哥嫂、弟妹等。此后，是嫂子和寨上的姐妹们陪哭。寨中姑娘出嫁就成了全寨人的喜事，男女老少在吃花园酒的晚上都要去陪唱、对歌，看热闹。

花园酒这天也就是出阁前一天，女方家的至亲好友都要前来送礼、吃花园酒，主人家也要杀猪宰鸡大宴宾朋，颇为热闹。

迎娶　在择定的良辰吉日，男方迎亲队伍按指定的时辰出发，人数根据女方家陪嫁物品的多少而决定，要在女方家办花园酒时赶到女方家吃晚饭，路近当天即返，路远则歇。迎亲队伍由"押轿官"带领，一行人吹吹打打到达女方家后，女方家在门口摆一张大桌子，由一位能说会道的先生在门口拦住迎亲队伍的"押轿官"，谓之行"拦门礼"。于是，双方便以歌说词的方式进行辩理，如"押轿官"赢了，女方家则撤去桌子，欢迎迎亲队伍进屋，休息喝茶；如

婚礼

输了，"押轿官"必须从桌子下爬过去。围观者很多，场面热闹，不时惹人捧腹大笑，充满了欢乐的气氛。

　　第二天一早，女方家招待迎亲队伍用过早餐后，迎亲者即请新娘上轿——现在一般是上车了，新娘由其亲兄弟背出大门，在唢呐、锣鼓、鞭炮声中，送亲队伍启程前往男方家，送亲队伍一般由新娘的弟兄、姐夫以及姑妈、姨妈和姐妹、伴娘组成。队伍经过"洞府"（水井、山洞、古树及其他有神灵的地方）时，要偃旗息鼓，悄然而过。

鞭炮喜迎亲

　　到男方家后，新娘由圆亲婆接进屋，在堂屋和新郎双双跪拜天地、祖先，即"拜堂"。拜堂后，新郎、新娘争先进入新房，抢先坐床，说是谁先坐床，谁今后在家庭中就会当家做主。接着，新郎、新娘喝呷酒，圆亲婆在洞房内撒糖果、花生、核桃等物，并念些吉利话，让看热闹的孩子们上床摸事先藏好的红蛋。而后，新娘重新换好盛装后拜客。男方家亦照例杀猪宰鸡，设宴款待宾客，名曰吃"正酒"。晚上要闹新房，男女老少皆可参加，一派嬉闹欢娱气氛，直至深夜。

　　第二天为"谢客日"，送亲客返回娘家。第三天，新婚夫妇备办礼物回娘家——俗称"回门"。新婚夫妇到女方家"回门"，也要举行隆重的敬神和拜女家亲戚、长辈的仪式，然后女家设宴款待女婿、女儿和众宾客。当然，也少不了长辈对新婚夫妇的教诲，不外乎是："如今你们成了家，不比过去靠爹妈。既要勤劳忙生产，还须勤俭来持家。"至此，男女两家的婚礼全部结束。

　　一个新的家庭从此诞生了。

● 征战的记忆 ●

铁铧 □

自古以来，羌族先民长期被中原王朝视作"野蛮人"，被奴役、被驱赶，他们也反抗。期间，虽曾建立强大的西夏王国，但不过二百年的时间，之后又伴随着不断的逃亡迁徙与反抗自卫。于是，形成了羌族尚武的风习。

以往的羌族家庭中，一名成年的武装男丁的一般装备是：一把刀、一杆枪（多为明火枪）、一圈火绳、一个皮弹药袋（内装一公斤火药和弹丸），还有一口袋烧馍、干肉等。如遇外侮，全寨出动，团结对敌。举行祭山会或婚礼时，也往往举行打靶盛会，枪法好的得奖。因此，羌族中有不少神枪手。

羌族曾经有一种木刻传信的习俗。这是在遇到敌情时，羌寨之间用以迅速联系集合人员投入防御和战斗的一种方法。木刻是长二尺左右的方木块，刻有印痕，上面捆一根鸡毛表示有急事，再加一块木炭表示非常紧急，绑个辣椒表示如果延迟或不来将要受到处罚。各寨要连夜按照规定的路线传送，并把本寨接到和交接木刻的时辰记上，以便追查。各寨首领要立即集合本寨武装男丁，向指定地点出发，不得延误。

制铧是贵州羌族保存至今的一项传统手工艺，它与羌族尚武的传统有着密切的关系。无论是打造用于战斗的兵器，还是用于打猎的工具，都需要打铁的好手艺。好手艺代代相传，并随着先祖从四川带到了贵州。铧曾经是农业生产中的重要工具，因此，一张好铧便是农民们所期盼的。羌寨制作的铧远近闻名，其铧口锋利，经久耐用，在江口、铜仁、松桃一带享有盛名。金属锻造曾经是羌寨重要的手工艺，有两处制铧作坊，两处补锅作坊。而用于烧制熔炉的红色泥土则直接来自于羌寨所在的香炉山上，这算是得天独厚。

　　本用于劳动生产的铧口，在某些特定的时候还能焕发出神奇的力量。过去由于医疗条件有限，羌民如生病常会请端公，如果是腹痛、腹胀等疾病，端公会举行这样的仪式：将一铧头放在火塘中烧红，取出后淬一碗水给病人喝即可。遇病情严重者，须将病人平放在床上或火塘旁，端公将烧红的铧头取出，赤脚踩上去跳舞，然后把脚踩在患者腹部，由下而上轻轻抚擦三次。据说还解除了不少人的病痛。

"舔铧头"

● 别样的礼仪规则 ●

羌寨人家

经过数千年历史文化的演变与传承，当今羌族的生活方式仍然弥漫着浓郁的民族遗风，分布在各地的羌族有着不同的生活习俗与情趣。这些风俗充满了羌族式的古朴风格和独特的审美趣味。

冠礼是羌族男子人生的一个新起点。男子行冠礼的时间一般在 12 岁（又说 18 岁或 16 岁），仪式由端公主持。先由端公打扫房屋祛除不祥，然后正式举行仪式。端公向天神献祭品（鸡或羊）。亲族围坐火塘，受冠礼者则一身新衣向天神跪下。然后端公手持始祖的赠礼——白公羊毛和五色布条，围系在受冠礼者的颈上，以表示始祖的关怀和命根有系。之后端公唱诵与冠礼有关的经典，再由族长或年长者唱诵叙述羌族历史的史诗，祭祀家神，至冠礼完成。

行冠礼后的男子被视为成年人，有资格独立行事，可公开参加社交活动，享有成年人的权利和义务，并被公认为正式的社会成员。

羌族人重情义，讲礼貌，注重礼尚往来。走亲访友、宾客往来，客人到门要轻声招呼，主人听声要热情迎接。主人没有回应，不能贸然进屋，否则会被认为不礼貌。主人家里有产妇或病人须"忌门"，即客人不但不能进入大门，还要有礼貌地退出离去。客人被迎请进屋，主人请客人坐下，献上烟、茶，并亲自将烟点燃。如来客是主人的长辈或年长者，则要请他坐在靠神龛的一方。客人送的礼物，主人谦让一番后要接过来放在日常存放重要物品的房间，以示对客人的尊重。

招待客人时，羌族人特别讲究劝酒，一般饮哑酒、白酒。无论客人是否喜欢，都要接受主人三杯敬酒。若推辞不喝，会被误认为嫌酒菜不好。客人越善饮，主人越高兴，或划拳，或唱酒歌，或围绕火塘跳舞，直至尽欢而散。

羌族民间的风俗礼仪与禁忌不少，涉及到生活的方方面面。在节庆方面，约定俗成地形成了一些有意思的民族禁忌：农历大年初一忌大声叫骂，并须将火钳、菜刀、绳藏起，因为这些东西被认为不吉；在堂屋门前左右各放一捆柴，喻为"开财门"；勤劳的主妇们可以不用扫地了，以免将"财"扫出去；给关系较近的内亲拜年一定要赶在初六之前拜完，否则会引起不必要的嫌隙。羌族还有较严格的丧期禁忌。如果谁家有人去世，家里人在行葬礼的 3 天内忌与外人往来，妻子正怀孕的男子是不能为死者抬棺木的。丈夫刚死的寡妇，须围着青苗菩萨转几圈，用木梳梳头，方可与他人见面。刚生完小孩的女子是不能去别人家串门的，需等到 40 天以后。而有些风俗禁忌也对羌族日常行为起到规范的作用，譬如，在老人面前不能翘二郎腿，姑娘在火塘前烤火坐姿要端正；忌将筷横于碗上，忌倒扣酒盅，因为只有敬鬼仪式上才如此。

高山之巅

参考书目

1. 贵州省地方志编纂委员会编. 贵州省志·民族志 [M]. 贵州民族出版社，2002.

2. 贵州省民族事务委员会，贵州省民族研究所编. 贵州"六山六水"民族调查资料选编（回族、白族、瑶族、壮族、畲族、毛南族、仫佬族、满族、羌族卷）[M]. 贵州民族出版社，2008.

3.《羌族简史》编写组. 羌族简史 [M]. 民族出版社，2008.

4. 王明珂. 羌在藏汉之间——川西羌族的历史人类学研究 [M]. 中华书局，2008.

后记

    贵州山川秀美，气候宜人，资源丰富，人民勤劳，风情多彩，文化灿烂。18个世居民族，和谐相处，共建家园。《贵州世居民族文化书系》正是建立在人类学、民族学、文化学的研究成果基础上，以叙事方式为主，向世人勾勒贵州世居民族文化版图，展示贵州世居民族悠久的历史文化与和而不同的美丽生存，以全新的视角探寻各民族的文化发展轨迹，解读各民族具有鲜明特色的文化事象，诠释各民族充满神奇魅力的新形象。

    《贵州世居民族文化书系》编委会对书系的宗旨、目标、体例和风格等进行项目论证和定位，负责确定写作大纲，并对书系的组织架构、写作要求和作者物色等进行统筹安排。

    《莎朗舞心声·羌族》由贵州省民族研究院进行审读，就政治倾向性和民族、宗教问题进行认真把关。本书图片得到了贵州省摄影家协会、李锦伟及作者的大力支持（经多方搜寻，仍有部分图片未能寻到作者，作者见书后请与出版社联系）。

    在此，对所有为书系做出贡献的人士表示衷心的感谢！因编辑水平所限，书中难免有不尽人意之处，恳请读者批评指正，以便图书再版时予以弥补。

《贵州世居民族文化书系》编委会

2014 年 6 月